国学经典丛书
名家注评本

陶庵梦忆

[明]张岱 著
淮茗 注评

长江文艺出版社
长江出版传媒

图书在版编目（CIP）数据

陶庵梦忆 /（明）张岱著 ; 淮茗注评. -- 武汉 :
长江文艺出版社，2015.7（2023.9 重印）
（国学经典丛书）
ISBN 978-7-5354-8046-0

Ⅰ. ①陶… Ⅱ. ①张… ②淮… Ⅲ. ①笔记—中国—
明代②《陶庵梦忆》—注释 Ⅳ. ①K248.066

中国版本图书馆 CIP 数据核字（2015）第 109443 号

责任编辑：郭良杰　　责任校对：毛季慧
封面设计：新华智品　　责任印制：邱　莉　胡丽平

出版：长江出版传媒 | 长江文艺出版社
地址：武汉市雄楚大街 268 号　　邮编：430070
发行：长江文艺出版社
电话：027—87679360
http://www.cjlap.com
印刷：三河市百盛印装有限公司

开本：880 毫米×1230 毫米　1/32　　印张：7.875
版次：2015 年 7 月第 1 版　　2023 年 9 月第 3 次印刷
字数：157 千字

定价：72.00 元

总　序

郭齐勇　武汉大学国学院院长

国学大师钱穆先生曾说“今人率言‘革新’，然革新固当知旧”。对现代人尤其是青年一代来说，缺乏的也许不是所谓的“革新力量”，而是“知旧”，也即对传统的了解。

中国文化传统的源头，都在中国古代经典当中。从先秦的《诗经》《易经》，晚周诸子，前四史与《资治通鉴》，骚体诗、汉乐府和辞赋，六朝骈文，直到唐诗、宋词、元曲和明清小说，在传统经典这条源远流长的巨川大河中，流淌着多少滋养着我们精神的养分和元气！

《说文解字》上说“经”是一种有条不紊的编织排列，《广韵》上说“典”是一种法、一种规则。经与典交织运作，演绎中国文化的风貌，制约着我们的日常行为规范、生活秩序。中国文化的基调，总体上是倾向于人间的，是关心人生、参与人生、反映人生的，当然也是指导人生的。无论是春秋战国的诸子哲学，汉魏各家的传经事业，韩柳欧苏的道德文章，程朱陆王的心性义理，还是先民传唱的诗歌，屈原的忧患行吟，都洋溢着强烈的平民性格、人伦大爱、家国情怀、理想境界。尤其是四书五经，更是中国人的常经、常道。这些对当下中国人治国理政，建构健康人格，铸造民族精魂都具有重要意义。经典是当代人增长生命智慧的源头活水！

长江文艺出版社历来重视中华民族优秀传统文化的传播及普及，近年来更在阐释传统经典、传承核心文化价值，建构文化认同的大纛下努力向中国古典文化的宝库掘进。他们欲推出《国学经典丛书》，殊为可喜。

怎么样推广这些传统文化经典呢？

古代经典和现代读者的阅读习惯及趣味本来有一定差距，如果再板起面孔、高高在上，只会让现代读者望而生畏。当然，经典也不是任人打扮的小姑娘，一味将它鸡汤化、庸俗化、功利化，也会让它变味。最好的办法就是，既忠实于经典的原汁原味，又方便读者读懂经典，易于接受。在这个原则的指导下，《国学经典丛书》首先是以原典为主，尊重原典，呈现原典。同时又照顾现实需要，为现代读者阅读经典扫除障碍，对经典作必要的字词义的疏通。这些必要精到的疏通，给了现代读者一把打开经典大门的钥匙，开启了现代读者与古圣先贤神交的窗口。

放眼当下出版界，传统文化出版物鱼目混珠、泥沙俱下，诸多出版商打着传承古典文化的旗号，曲解经典，对现代读者尤其是广大青少年认知传承经典起了误导作用。有鉴于此，长江文艺出版社推出的《国学经典丛书》特别注重版本的选取。这套丛书30个品种当中，大多数择取了当前国内已经出版过的优秀版本，是请相关领域的名家、专业人士重新梳理的。这些版本在尊重原典的前提下同时兼顾其普及性，希望读者能有一次轻松愉悦的古典之旅。

种种原因，这套丛书必然会有缺点和疏漏，祈望方家指正。

前言

提起《陶庵梦忆》这部书，不少读者脑海中浮现的想必是品茗、赏花、观剧、访古、宴饮之类奢华而不失优雅的场景，这种印象无疑是正确的，但还不够全面和深刻。作为明清时期小品文的经典之作，仅有这些显然是不够的，它还无法从众多同类作品中脱颖而出。既然能成为传世经典，自有其特别之处，欣赏该书既要看其正面，更要看其背面，因为在繁华富丽的背后还隐藏着一段充满血泪的故事，而这也是那些仅将《陶庵梦忆》作为小资读物来欣赏的读者们需要格外留意的。

首先从该书的作者说起。张岱（1597—1684年后），字宗子，号石公、陶庵、蝶庵，山阴（今浙江绍兴）人。其著述颇丰，今可见者有《琅嬛文集》《陶庵梦忆》《西湖梦寻》《石匮书》《石匮书后集》《四书遇》《古今义列传》《史阙》《快园道古》《夜航船》等。此外还有不少已佚失。通过这些流传下来的著述可以看出，张岱并非“散文家”或“文学家”所能概括，其著述涉及经史子集各部，所取得的成就也是多方面的。

如果不是人生轨迹因改朝换代而发生戏剧性的改变，张岱很可能不会去写这本《陶庵梦忆》，自然也不会去写另一本同类性质的《西湖梦寻》，因为他的兴趣主要在史学，他更愿意撰写《石匮书》《石匮书后集》这样的史书。即便写了，也会是格调迥异的另外一种笔墨，这是可以断言的，正如他在《史阙》一书中所说的："张择端《清明上河图》，因南渡后想见汴京旧事，故摹写不遗余力。若在汴京，未必作此。乃知繁华富贵，过去便堪入画，当年正不足观。"虽然谈的是张择端，其实说的也是他本人。

张岱出生在一个显赫、富贵的仕宦之家，从高祖到祖父，都是举业出身，其中曾祖张元汴还是隆庆五年的状元。父祖几代人的苦心经营为其营造了一个十分优越的生活环境，由此受到良好的教育和熏陶。他根本不需要为生计而奔波，别人辛苦一生所追求的富足和安康，他从一出生便已经拥有，而且还要更好。没有衣食之忧，他过着一种清闲、适意的生活，人世间的各种享受他都一一亲身体验过，他曾这样描述自己当年的生活状态："少为纨绔子弟，极爱繁华，好精舍，好美婢，好娈童，好鲜衣，好美食，好骏马，好华灯，好烟火，好梨园，好鼓吹，好古董，好花鸟，兼以茶淫桔虐，书蠹诗魔。"（《自为墓志铭》）这是其入清之前生活的形象写照。这样的生活真是太闲适、太自在了，以至于科场上的连连失利都未给他带来太大的影响。

但是命运之神并不总是垂青于某一个人，很快，充满血腥的改朝换代所带来的沧桑巨变不仅改变了这个国家，改变了一个时代，同样也彻底改变了张岱的生活。国破家亡，这个原先在书籍上看到的抽象词汇转眼间已成为刻骨铭心的切身感受。谁能想到，一位安享人间富贵的纨绔子弟转眼间成为让人惟恐避之不及的下层贫民，生活一下陷于十分困窘的地步："所存者，破床碎几，折鼎病琴，与残书数帙，缺砚一方而已。布衣蔬食，常至断炊。"（《自为墓志铭》）但就在这种极端困顿的环境中，张岱仍然很可贵地保持着一个读书人的人格和尊严。

明亡之后，张岱曾请缨带兵三千，去杀奸臣马士英，但未能如愿。他也曾参加过一些抗清斗争，很快就发现大势已去，无力回天。随后埋名隐迹，以遗民自居，不与新朝合作。他没有获得过功名，更不是朝廷命官，却有着比达官贵人更为自觉的民族意识和文人气节，以自身的言行体现了“国家兴亡，匹夫有责”的可贵精神，与那些曾身居高位，转眼却在新朝委曲求全的贰臣们形成鲜明对比。

富贵、优雅的生活如过眼烟云，一阵腥风血雨的洗劫之后，剩下的只有一段不堪回首的记忆。人生仿佛一场梦，正如作者本人所说的，“繁华靡丽，过眼皆空，五十年来，总成一梦”（《陶庵梦忆》自序）。品茶、赏花、观剧、宴会、远游，这些先前极为普通的日常生活如今已成为遥不可及的奢望。但张岱并没有消沉和绝望，因为还有一些重要的事情等着他来做。他看到和听到了太多可歌可泣的人和事，不管是欢乐还是悲伤，这些都是不能被忘记的。他要以个人之力，留下一段可信的历史，让子孙后代了解那些曾经发生的事情。他笔下的历史可分两种，一种是全景式的刻画，比如《石匮书》《石匮书后集》；一种则是个人生活的描绘。《陶庵梦忆》显然属于后者。

《陶庵梦忆》既是一部个人化的生活史，也是一部晚明时期的生活画卷，更为重要的，它是一部写满沧桑的心灵史。通过作者的所见所闻，晚明时期江南地区生活特别是衣食住行、社会习俗的各个方面如在眼前。由于是苦难过后的追忆和反思，作者不自觉地会进行过滤，只留下那些最为美好、值得留恋的东西，以此来表达故国之思、乡土之情，抒发沧桑之感，寄托兴亡之叹。字里行间，作者不时流露出忏悔之意。不过，更应该忏悔的不是他这样一位没有任何官阶的布衣平民，而是高高在上的皇帝和那些显赫一时的权臣们。从这个角度来看，他不仅是个人在忏悔，也是在替一群人进行忏悔，替一个王朝进行忏悔。

这种从富贵到破落的生活经历和痛定思痛的创作心态，很容易让人联想到曹雪芹和他的《红楼梦》。事实上，已有不少人注意到这一点。遗憾的是，有人竟然将这种本该充满诗意的联想变成生拉硬扯的附会，没有任何事实依据地将《红楼梦》的著作权硬派给张岱，可谓大煞风景。不过，如果从比较的角度将两部书放在一起对观，这会是一个很有意思的话题。《红楼梦》一书写尽贾府的荣华富贵，但它绝不是一部富贵生活的教科书，而是一部血泪文字，正所谓“满纸荒唐言，一把辛酸泪”。对《陶庵梦忆》一书也应作如是观，作者极力描绘改朝换代前个人生活的闲适和富足，但绝不是为了炫耀，只要看一看作者那篇写得极为沉痛的自序，就可以明白这一点。也正是因为有了这层沧桑和寄托，全书带有较强的抒情色彩，字里行间，透出一种难以释怀的痛苦和忧伤。相比那些沉溺于感官享受的晚明小品文，本书无疑要高出一个层次，它开创了小品文艺术的新境界，代表着明代散文的最高成就。

全书所写，都是极为生活化的内容和场景，这些精心描绘的种种生活细节在当时看来，也许是司空见惯，但在今天，却有着重要的史料价值和审美意义。如此琐细、个人化的内容，各种官方文书档案自然是不屑于记载的。如果要了解晚明时期江南地区民众特别是士人阶层的生活情况和心理状态，该书的价值是无可替代的。由于作者生活优越，游历广，见识多，不经意间的描绘，往往让我们这些后人感到惊叹，感到震惊。它所描写的，是一种感性的历史，因而也更为真实。

对不少读者来说，除了增长见闻、开阔眼界，他们更喜欢该书闲适、清新的风格和亲切、随意的文字。《陶庵梦忆》一书十分鲜明地体现了晚明小品文的特点：所谈皆日常琐事，内容庞杂，如叙家常，但都围绕着个人的生活而展开，收放自如；每则字数不多，但篇篇写得精彩。作者文笔清新、洗练且富有表现力，不管是写人还是叙事，都娓娓道来，生动形象，情趣盎然，可谓琐而不厌，细而不烦，具有很强的可读性。需要注意的是，该书文字读起来轻松、随意，但细细推敲，实际上还是颇为考究的，遣词造句，皆见功力，毕竟轻松不是松散，随意不是随便。全书引经据典之处，也有不少，颇见作者广博的学识，只是大多用得贴切自然，不易发现而已。这种既见才能又显学识的文字不是谁都写得来的。

最后简要介绍一下本书的整理情况。《陶庵梦忆》主要有两个版本系统：一个是一卷本，一个是八卷本。一卷本只有一种，即乾隆年间金忠淳刊行的《砚云甲编》本，收录作品四十三篇，非《陶庵梦忆》一书全部。八卷本收录作品一百二十三篇，存世版本有多种，其中刊行最早者为乾隆五十九年（1794）王文诰评点本，该本存世较少。流传较广者为清咸丰间《粤雅堂丛书》本，现市面上所见的整理本基本上都是以其为底本。

本书以八卷本的最早刊本乾隆间王文诰评点本为底本，以《粤雅堂丛书》本为校本，并参考其他刊本及今人整理本，择善而从，因系普及读本，不再出校记。注释则偏重人名、地名、典故及部分疑难词语，并征引作者其他著述中相关的文字以作对照和补充。对书中多次出现的词语，只在第一次出现时出注。为便于读者更为深入、全面地了解该书，将收入《琅嬛文集》的作者自序放在卷首。《砚云甲编》本有四篇作品不见于八卷本，本书作为附录收入。附录部分还收有作者的《自为墓志铭》及相关刊本的序跋，以供参考。

评注中肯定存在一些错误或不够妥帖的地方，恳请读者诸君批评指正。

淮　茗

2012年10月1日

目 录

卷一

卷二

卷三

卷四

卷五

卷六

卷七

卷八

附录一　补遗四篇

附录二

自序

陶庵国破家亡，无所归止，披发入山，駴駴为野人[①]。故旧见之，如毒药猛兽，愕窒不敢与接[②]。作自挽诗[③]，每欲引决[④]，因《石匮书》未成[⑤]，尚视息人世。然瓶粟屡罄，不能举火，始知首阳二老直头饿死[⑥]，不食周粟，还是后人妆点语也。

饥饿之余，好弄笔墨，因思昔人生长王、谢[⑦]，颇事豪华，今日罹此果报。以笠报颅，以蒉报踵[⑧]，仇簪履也；以衲报裘，以苎报絺[⑨]，仇轻暖也；以藿报肉[⑩]，以粝报粻[⑪]，仇甘旨也；以荐报床，以石报枕，仇温柔也；以绳报枢，以瓮报牖，仇爽垲也[⑫]；以烟报目，以粪报鼻，仇香艳也；以途报足，以囊报肩，仇舆从也。种种罪案，从种种果报中见之。鸡鸣枕上，夜气方回，因想余生平，繁华靡丽，过眼皆空，五十年来，总成一梦。今当黍熟黄粱[⑬]，车旅蚁穴[⑭]，当作如何消受？遥思往事，忆即书之，持向佛前，一一忏悔。不次岁月[⑮]，异年谱也；不分门类，别志林也[⑯]。偶拈一则，如游旧径，如见故人，城郭人民[⑰]，翻用自喜，真所谓痴人前不得说梦矣[⑱]。

昔有西陵脚夫为人担酒[⑲]，失足破其瓮，念无以偿，痴坐伫想曰："得是梦便好！"一寒士乡试中式，方赴鹿鸣宴[⑳]，恍然犹意非真，自啮其臂曰："莫是梦否？"一梦耳，惟恐其非梦，又惟恐其是梦，其为痴人则一也。余今大梦将寤，犹事雕虫[㉑]，又是一番梦呓。因叹慧业文人，名心难化，正如邯郸梦断，漏尽钟鸣，卢生遗表，犹思摹拓二王㉒，以流传后世。则其名根一点㉓，坚固如佛家舍利，劫火猛烈㉔，犹烧之不失也。

【注释】

①虩虩（hài）：吃惊、惊骇。

②愕窒：惊愕得不敢喘气。

③自挽诗：作者撰有《和挽歌辞》三首。

④引决：自杀、自尽。

⑤《石匮书》：作者当时正在撰写的一部明代史书。

⑥首阳二老：指商朝遗民伯夷、叔齐。周灭商后，两人隐居首阳山，不食周粟，后饿死。直头：竟自、一直。作者似乎是说首阳二老并非不食周粟，而是因没有找到吃的被饿死，意在说明自己此时生活的困顿。

⑦王、谢：指东晋时王导、谢安两大家族，其生活较为奢华，后泛指豪门世家。

⑧蒉（kuì）：草鞋。

⑨苎（zhù）：粗麻布。絺：细布。

⑩藿：豆叶。这里泛指野菜。

⑪粝：粗米。粻（zhāng）：细米。

⑫爽垲：明亮、干燥的房子。

⑬黍熟黄粱：此处用的是卢生黄粱美梦的典故，出自唐沈既济《枕中记》。

⑭车旋蚁穴：此处用的是淳于棼梦游槐安国，醒后发现为蚁穴的典故。出自唐李公佐《南柯太守传》。

⑮次：排列。

⑯志林：指《东坡志林》，苏轼所写的一部笔记体著作，这里泛指一般的笔记之作。

⑰城郭人民：典出晋陶潜《搜神后记》卷一："丁令威，本辽东人，学道于灵虚山。后化鹤归辽，集城门华表柱。时有少年，举弓欲射之。

鹤乃飞，徘徊空中而言曰：‘有鸟有鸟丁令威，去家千年今始归，城郭如故人民非，何不学仙冢累累。’遂高上冲天。”

⑱痴人前不得说梦：典出《冷斋夜话》：“僧伽龙朔中游江淮间，其迹甚异。有问之曰：‘汝何姓?’答曰：‘何姓。’又问：‘何国人?’答曰：‘何国人。’唐李邕作碑，不晓其言，乃书传曰：‘大师姓何，何国人。’此正所谓对痴人说梦耳。”另见《五灯会元》：“佛说三乘十二分，顿渐偏园，痴人前不得说梦。”

⑲西陵：西兴，钱塘江渡口，在今浙江萧山。

⑳鹿鸣宴：唐代乡试后，州县长官为考中举子举行宴会，因宴会时多唱《诗经·小雅·鹿鸣》，故名。后泛指为庆贺举子考中而举行的宴会。

㉑雕虫：汉扬雄《法言·吾子》曾云赋为雕虫小技，壮夫不为，后人以雕虫小技代指写文章。

㉒邯郸梦断，漏尽钟鸣，卢生遗表，犹思摹拓二王：此处用的是卢生黄粱美梦的典故，出自汤显祖的《邯郸记》。二王：著名书法家王羲之、王献之父子。

㉓名根：好名的本性。

㉔劫火：佛教语，劫难中的火灾。佛教认为在坏劫之末，将发生水、火、风三大灾。火灾发生时，世界将烧为灰烬。

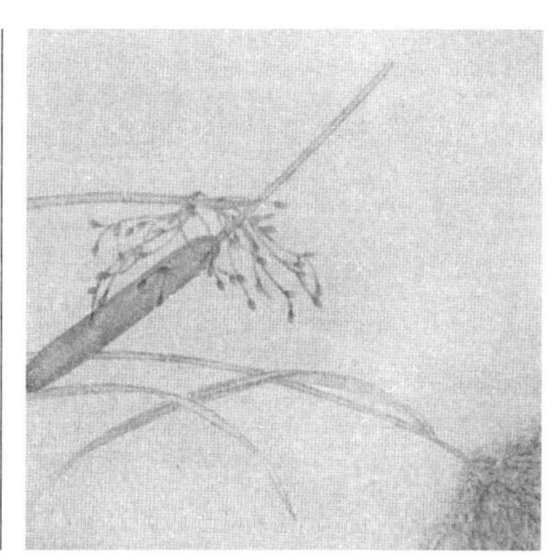

卷一

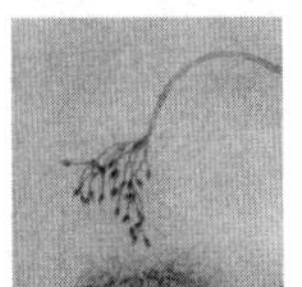

钟 山[1]

钟山上有云气，浮浮冉冉，红紫间之，人言王气，龙蜕藏焉[2]。高皇帝与刘诚意、徐中山、汤东瓯定寝穴[3]，各志其处，藏袖中。三人合，穴遂定。门左有孙权墓，请徙。太祖曰："孙权亦是好汉子，留他守门。"及开藏，下为梁志公和尚塔[4]，真身不坏，指爪绕身数匝。军士畚之不起[5]。太祖亲礼之，许以金棺银椁，庄田三百六十，奉香火，舁灵谷寺[6]，塔之。今寺僧数千人，日食一庄田焉。陵寝定，闭外羡[7]，人不及知。所见者，门三、飨殿一、寝殿一，后山苍莽而已。壬午七月[8]，朱兆宣簿太常，中元祭期[9]，岱观之。飨殿深穆，暖阁去殿三尺，黄龙幔幔之。列二交椅，褥以黄锦孔雀翎，织正面龙，甚华重。席地以毡，走其上，必去舄轻趾。稍咳，内侍辄叱曰："莫惊驾。"

近阁下一座，稍前为硕妃[10]，是成祖生母[11]。成祖生，孝慈皇后妊为己子[12]，事甚秘。再下，东西列四十六席，或坐或否。祭品极简陋，朱红木簋[13]、木壶、木酒樽，甚粗朴。簋中肉止三片，粉一铗，黍数粒，东瓜汤一瓯而已。暖阁上一几，陈铜炉一、小筯瓶二、杯棬二[14]。下一大几，陈太牢一、少牢一而已[15]。他祭或不同，岱所见如是。先祭一日，太常官属开牺牲所中门[16]，导以鼓乐旗帜，牛羊自出，龙袱盖之。至宰割所，以四索缚牛蹄。太常官属至，牛正面立，太常官属朝牲揖，揖未起，而牛头已入燖所[17]。焂已，舁至飨殿。次日五鼓，魏国至，主祀，太常官属不随班，侍立飨殿上。祀毕，牛羊已臭腐不堪闻矣。平常日进二膳，亦魏国陪祀，日必至之。

戊寅[18]，岱寓鹫峰寺[19]。有言孝陵上黑气一股，冲入牛斗，百有余日矣。岱夜起视，见之。自是流贼猖獗，处处告警。壬午，朱成国与王应华奉敕修陵[20]，木枯三百年者尽出为薪，发根，隧其下数丈，识者为伤地脉、泄王气，今果有甲申之变[21]，则寸斩应华亦不足赎也。孝陵玉石二百八十二年，今岁清明，乃遂不得一盂麦饭，思之猿咽。

【注释】

①钟山：又称紫金山，在今江苏南京东。

②龙蜕：传说龙蜕去的皮。

③高皇帝：朱元璋（1328—1398），明开国皇帝，谥高皇帝。刘诚意：刘基（1311—1375），字伯温，曾被封诚意伯。徐中山：徐达（1332—1385），字天德，曾被封魏国公，死后追封中山王。汤东瓯：汤和（1326—1395），字鼎臣，死后被封东瓯王。

④志公和尚：南朝僧人宝志（436—513）。俗姓朱，南京东阳人。志公去世后，梁永定公主为其建造一座五层石塔。明初朱元璋为营造孝陵，将塔迁至灵谷寺内。

⑤挙（jú）：古代一种运土的器具，这里用作抬、拉的意思。

⑥舁（yú）：抬。灵谷寺：在今江苏南京紫金山。初建于梁武帝时，原名开善寺，明初改名灵谷寺。

⑦羡：墓道。

⑧壬午：即崇祯十五年（1642）。

⑨中元：中元节，又称盂兰盆节、鬼节，阴历七月十五日。

⑩礦（gōng）：姓氏。

⑪成祖：明成祖朱棣（1360—1424）。

⑫孝慈皇后：朱元璋妻子马氏，谥孝慈。安徽宿州人，郭子兴养女。

⑬簋（guǐ）：盛食品的器具。

⑭棬（quān）：木头做的饮器。

⑮太牢：古代祭祀，牛、羊、猪三种祭品皆备或用牛为祭品，称太牢。少牢：古代祭祀，只用羊、猪或只用羊为祭品，称少牢。

⑯牺牲：祭祀所用牲的通称。

⑰焊（xún）：用水煮。

⑱戊寅：即崇祯十一年（1638）。此段文字王文诰评点本、《粤雅堂丛书》本皆无，据《砚云甲编》本补。

⑲鹫峰寺：在今江苏南京白鹭洲公园内，始建于明天顺五年（1461），为纪念唐代名僧鹫峰而建。

⑳朱成国：朱纯臣（？—1644），曾被封成国公。王应华：字崇暗，号园长。东莞（今广东东莞）人。崇祯元年（1628）进士，曾任礼部侍郎。明亡后参加抗清，失败后隐居。善画兰竹木石。

㉑甲申：崇祯十七年（1644）。这一年，李自成带领起义军攻进北京，崇祯皇帝自缢而死，明朝灭亡，故称甲申之变。

【简评】

以《钟山》一文开篇，写得郑重其事，显然有深意在，只要看看被八卷本删去的最后一段就可明白这一点。

报恩塔[1]

中国之大古董，永乐之大窑器[2]，则报恩塔是也。报恩塔成于永乐初年，非成祖开国之精神、开国之物力、开国之功令[3]，其胆智才略足以吞吐此塔者，不能成焉。塔上下金刚佛像千百亿金身[4]。一金身，琉璃砖十数块凑成之，其衣折不爽分[5]，其面目不爽毫，其须眉不爽忽[6]，斗笋合缝[7]，信属鬼工。

闻烧成时，具三塔相[8]，成其一，埋其二，编号识之[9]。今塔上损砖一块，以字号报工部[10]，发一砖补之，如生成焉。夜必灯，岁费油若干斛[11]。天日高霁[12]，霏霏霭霭，摇摇曳曳，有光怪出其上，如香烟缭绕，半日方散。永乐时，海外夷蛮重译至者百有余国[13]，见报恩塔，必顶礼赞叹而去[14]，谓四大部洲所无也[15]。

【注释】

①报恩塔：在今南京市中华门外雨花路东侧，系明成祖为纪念自己的生母而建。咸丰年间毁于太平天国战火。

②永乐：明成祖朱棣年号（1403—1424）。

③功令：法律、法令。

④金身：装金的佛像，这里指用琉璃砖建成的佛像。

⑤爽：差错。

⑥忽：计量单位，一毫十丝，一丝十忽。

⑦斗笋：建筑物上连接和拼合的榫头。

⑧相：事物的外观，这里指塔砖。

⑨识：标记。

⑩工部：明代中央政府六部之一，主要负责工程建设。

⑪斛（hú）：古代容器单位，原为十斗一斛，南宋末年改为五斗一斛。

⑫霁：天晴。

⑬夷蛮：对其他民族的称呼。重译：辗转翻译，意为路途遥远，言语不通。

⑭顶礼：佛教最高的礼节。

⑮四大部洲：古印度神话传说宇宙有四大洲，东方胜身洲，南方瞻部洲，西方牛货洲，北方俱卢洲，这是人类所居住的世界。

【简评】

作者写此塔自然也是有深意的，“非成祖开国之精神、开国之物力、开国之功令，其胆智才略足以吞吐此塔者，不能成焉”，这才是他真正想说的话。

天台牡丹[①]

天台多牡丹，大如拱把，其常也。某村中有鹅黄牡丹，一株三干，其大如小斗，植五圣祠前。枝叶离披[②]，错出檐甃之上，三间满焉。花时数十朵，鹅子、黄鹂、松花、蒸栗，萼楼穰吐[③]，淋漓簇沓。土人于其外搭棚演戏四五台[④]，婆娑乐神。有侵花至漂发者[⑤]，立致奇祟[⑥]。土人戒勿犯，故花得蔽芾而寿[⑦]。

【注释】

①天台：今浙江天台。

②离披：繁茂的样子。

③穰吐：繁盛。

④土人：当地人。

⑤漂发：毫发，细微。

⑥祟：灾祸、灾难。

⑦蔽芾（fèi）：花木茂盛的样子。

【简评】

确实是稀见的牡丹品种，难怪大家看得如此神圣，还搭台演戏，挺当一回事。这样也好，无人敢犯，“花得蔽芾而寿”。

金乳生草花

金乳生喜莳草花[①]。住宅前有空地，小河界之。乳生濒河构小轩三间[②]，纵其趾于北[③]，不方而长，设竹篱经其左。北临街，筑土墙，墙内砌花栏护其趾。再前，又砌石花栏，长丈余而稍狭。栏前以螺山石垒山披数折，有画意。

草木百余本，错杂莳之，浓淡疏密，俱有情致。春以莺粟、虞美人为主，而山兰、素馨、决明佐之；春老以芍药为主，而西番莲、土萱、紫兰、山矾佐之。夏以洛阳花、建兰为主，而蜀葵、乌斯菊、望江南、茉莉、杜若、珍珠兰佐之。秋以菊为主，而剪秋纱、秋葵、僧鞋菊、万寿芙蓉、老少年、秋海棠、雁来红、矮鸡冠佐之。冬以水仙为主，而长春佐之。其木本如紫白丁香、绿萼玉楪蜡梅、西府[④]、滇茶[⑤]、日丹、白梨花，种之墙头屋角，以遮烈日。

乳生弱质多病，早起不盥不栉，蒲伏阶下，捕菊虎[⑥]，芟地蚕[⑦]，花根叶底，虽千百本，一日必一周之[⑧]。瘥头者火蚁[⑨]，瘠枝者黑蚰[⑩]，伤根者蚯蚓、蜒蝣[⑪]，贼叶者象干[⑫]、毛猬。火蚁，以鲞骨、鳖甲置旁引出弃之；黑蚰，以麻裹筯头捋出之；蜒蝣，以夜静持灯灭杀之；蚯蚓，以石灰水灌河水解之；毛猬，以马粪水杀之；象干虫，磨铁线，穴搜之。事必亲历，虽冰龟其手[⑬]，日焦其额，不顾也。青帝喜其勤[⑭]，近产芝三本以祥瑞之。

【注释】

①莳（shì）：种植。

②构：建造。

③纵其趾：拓展地基。

④西府：即西府海棠，一种比较名贵的海棠。

⑤滇茶：即滇茶花，又称滇山茶、云南山茶、大茶花等。叶片光鲜，花朵硕大艳丽，有较高观赏价值。作者在《夜航船》一书中亦有解释："茶花：以滇茶为第一，日丹次之。滇茶出自云南，色似衢红，大如茶碗，花瓣不多，中有层折，赤艳黄心，样范可爱。"

⑥菊虎：一种侵害菊科植物的小型天牛。

⑦地蚕：俗称土蚕、地老虎，其幼虫咬食花木的根茎。

⑧周：遍。

⑨瘥（lóng）：枯萎，衰弱。火蚁：一种危害农作物、花木的蚂蚁。

⑩黑蚰：一种危害花木的黑色爬虫。

⑪蜒蝣：又名蜒蚰、鼻涕虫，危害农作物，可入药。

⑫象干：即尺蠖，又名造桥虫，蚕食花木的叶子。

⑬龟（jūn）：同"皲"，皮肤因受冻而裂开。

⑭青帝：古代神话传说中的司春之神。

【简评】

金乳生所建园亭为亦园，据祁彪佳《越中园亭记》记载："在龙门桥，主人金乳生。植草花数百本，多殊方异种，虽老圃不能辨识。四时烂熳如绣，所居仅斗室，看花人已屦满户外矣。"可与本文对读。

日月湖

宁波府城内[①]，近南门，有日月湖。日湖圆，略小，故日之[②]；月湖长，方广，故月之。二湖连络如环，中亘一堤[③]，小桥纽之。日湖有贺少监祠[4]。季真朝服拖绅，绝无黄冠气象。祠中勒唐元宗饯行诗以荣之[5]。季真乞鉴湖归老，年八十余矣。其《回乡》诗曰："幼小离家老大回，乡音无改鬓毛衰。儿孙相见不相识，笑问客从何处来？"八十归老，不为早矣，乃时人称为急流勇退，今古传之。

季真曾谒一卖药王老，求冲举之术[6]，持一珠贻之。王老见卖饼者过，取珠易饼。季真口不敢言，甚懊惜之。王老曰："悭吝未除，术何由得？"乃还其珠而去。则季真直一富贵利禄中人耳[7]。《唐书》入之《隐逸传》，亦不伦甚矣。月湖一泓汪洋，明瑟可爱，直抵南城。

城下密密植桃柳，四围湖岸，亦间植名花果木以萦带之。湖中栉比皆士夫园亭，台榭倾圮，而松石苍老。石上凌霄藤有斗大者，率百年以上物也。四明缙绅[8]，田宅及其子，园亭及其身。平泉木石[9]，多暮楚朝秦，故园亭亦聊且为之，如传舍衙署焉。屠赤水娑罗馆亦仅存娑罗而已[10]。所称"雪浪"等石，在某氏园久矣。清明日，二湖游船甚盛，但桥小，船不能大。城墙下趾稍广，桃柳烂漫，游人席地坐，亦饮亦歌，声存西湖一曲。

【注释】

①宁波府：今浙江宁波。

②日之：以日来称呼它。

③亘：横贯。

④贺少监：贺知章（659—744），字季真，越州永兴（今浙江萧山）人。证圣元年进士，历任太常少卿、礼部侍郎、工部侍郎、秘书监员外、太子宾客、秘书监等。天宝三年还乡。

⑤唐元宗：即唐玄宗，底本避"玄"字，皆改其为"元"。唐玄宗又称唐明皇，即李隆基（685—762），唐代皇帝，712年至756年在位。

⑥冲举：飞升成仙。

⑦直：只不过。

⑧四明：今浙江宁波。

⑨平泉木石：典出李德裕《平泉山居戒子孙记》："鬻平泉者，非吾子孙也。以平泉一树一石与人者，非佳士也。"

⑩屠赤水：屠隆（1542—1605），字长卿，号赤水、鸿苞居士。鄞县（今浙江宁波）人。万历丁丑进士，官至礼部郎中。著有传奇《彩毫记》《昙花记》《修文记》及诗文集《栖真馆集》《鸿苞集》等。

【简评】

作者在《越山五佚记》一文中也谈到平泉木石一事："昔李文饶《平泉草木记》：以吾平泉一草一木与人者，非吾子孙也。文饶去不多时，而张全义与其孙延古争醒酒石，而致杀其身。平泉胜地，亦遂鞠为茂草，文饶所属之言，问之谁氏？故古人住宅，多舍为佛刹，如许玄度之能仁，王右军之戒珠，至今犹在。苏子瞻以吴道子四菩萨画板，舍僧惟简曰：'若得此，何以守之？'答曰：'吾盟于佛，而以鬼守之。'人苟爱惜平泉，亦当赠以此法。"读此可知作者感慨之所在。

金山夜戏①

崇祯二年中秋后一日②，余道镇江往兖③。日晡④，至北固⑤，舣舟江口⑥。月光倒囊入水，江涛吞吐，露气吸之，噀天为白⑦。余大惊喜。移舟过金山寺，已二鼓矣。经龙王堂，入大殿，皆漆静⑧。林下漏月光，疏疏如残雪。余呼小傒携戏具，盛张灯火大殿中，唱韩蕲王金山及长江大战诸剧⑨。锣鼓喧填，一寺人皆起看。有老僧以手背摋眼翳⑩，翕然张口⑪，呵欠与笑嚏俱至。徐定睛⑫，视为何许人，以何事何时至，皆不敢问。剧完将曙，解缆过江。山僧至山脚，目送久之，不知是人、是怪、是鬼。

【注释】

①金山：在今江苏镇江西北，名胜古迹有金山寺、慈寿塔等。

②崇祯二年：即1629年。

③兖：兖州，在今山东西南部。

④晡（bū）：时刻名，即申时，相当于现在的下午三点到五点。

⑤北固：即北固山，在今江苏镇江北长江边上，由前峰、中峰和后峰组成，梁武帝曾题书“天下第一江山”，名胜古迹有甘露寺等。

⑥舣（yǐ）舟：停船靠岸。

⑦噀（xùn）：喷、吐。

⑧漆静：昏暗宁静。

⑨韩蕲王：韩世忠（1089—1151），字良臣，绥德（今陕西）人，行伍出身，以军功历任偏将、浙西制置使、京东淮东路宣抚处置使、枢密使等。去世后被追封为蕲王。

⑩搬（shā）：揉。翳（yì）：眼角膜上所长的一种妨碍视线的白斑，多见于老年人。

⑪翕（xī）然张口：目瞪口呆的样子。

⑫徐：缓慢、和缓。

【简评】

夜深人静的，突然锣鼓喧天，唱起夜戏，可以想象僧人们惊愕、好奇的表情。听了一场没头没脑的戏，如坠雾中，确实弄不清到底是人、是怪还是鬼。在作者，实际上看了两场戏，演出的是戏，在外围观的僧人们不自觉的也配合着演了一场戏。作者举止，颇有魏晋风度。

筠芝亭[1]

筠芝亭，浑朴一亭耳。然而亭之事尽，筠芝亭一山之事亦尽。吾家后此亭而亭者，不及筠芝亭；后此亭而楼者、阁者、斋者，亦不及。总之，多一楼，亭中多一楼之碍；多一墙，亭中多一墙之碍。太仆公造此亭成，亭之外更不增一椽一瓦，亭之内亦不设一槛一扉，此其意有在也。亭前后，太仆公手植树皆合抱，清樾轻岚，滃滃翳翳[2]，如在秋水。亭前石台，猎取亭中之景物而先得之，升高眺远，眼界光明。敬亭诸山，箕踞麓下。溪壑萦回，水出松叶之上。台下右旋，曲磴三折[3]，老松偻背而立[4]，顶垂一干，倒下如小幢[5]，小枝盘郁，曲出辅之，旋盖如曲柄葆羽[6]。癸丑以前[7]，不垣不台[8]，松意尤畅。

【注释】

①筠芝亭：作者叔祖张懋之所建，在绍兴卧龙山下。据祁彪佳《越中园亭记》记载："卧龙山之右巅，有城隍庙，即古蓬莱阁。折而下，孤松兀立，古木纷披，张懋之先生构亭曰筠芝，楼曰霞外。南眺越山，明秀独绝。亭之右为啸阁，以望落霞晚照，恍若置身天际，非复一丘一壑之胜已也。主人自叙其园，有内景十二、外景七、小景六，其犹子张宗之各咏一绝记之。"

②滃（wěng）滃翳（yì）翳：云气升腾、烟云弥漫的样子。

③磴（dèng）：石头台阶。

④偻（lǚ）：弯曲。

⑤幢（chuáng）：一种仪仗用的旗帜。

⑥葆羽：以鸟羽为饰物、供仪仗用的华盖。

⑦癸丑：万历四十一年（1613）。

⑧垣：围墙。

【简评】

繁华的好处，人人理解，简约的妙处，未必个个明白。只要营构得当，恰到好处，一亭足矣。

岕园[①]

岕园，水盘据之，而得水之用，又安顿之若无水者[②]。

寿花堂，界以堤，以小眉山，以天问台，以竹径，则曲而长，则水之；内宅，隔以霞爽轩，以酣漱，以长廊，以小曲桥，以东篱，则深而邃，则水之；临池，截以鲈香亭、梅花禅，则静而远，则水之；缘城，护以贞六居，以无漏庵，以菜园，以邻居小户，则閟而安[③]，则水之用尽，而水之意色，指归乎庞公池之水[④]。庞公池，人弃我取，一意向园，目不他瞩，肠不他回，口不他诺，龙山蠖蜿[⑤]，三折就之，而水不之顾。人称岕园能用水，而卒得水力焉。

大父在日[⑥]，园极华缛。有二老盘旋其中，一老曰："竟是蓬莱阆苑了也。"[⑦]一老咈之曰[⑧]："个边那有这样？"

【注释】

①岕园：作者祖父张汝霖晚年所筑，据祁彪佳《越中名园记》记载："张肃之先生晚年筑室于龙山之旁，而开园其左。有鲈香亭，临王公池上，凭窗眺望，收拾龙山之胜殆尽。寿花堂、霞爽轩、酣漱阁皆在水石萦回、花木映带处。" 岕（jiè）：坚硬。

②安顿：安置、安排。

③閟（bì）：幽静。

④庞公池：在绍兴卧龙山之西。详见本书卷七《庞公池》。

⑤龙山：又称卧龙山，位于绍兴城西，以形如卧龙而得名。春秋时为越国王城，越大夫文种死后葬于此处，故又名种山，后因绍兴府署设在山东麓，改称府山。蘷（kuí）蛢（ní）：蛐蜒，俗称草鞋虫。

⑥大父：祖父，即作者的祖父张汝霖（1561—1625），字肃之，号雨若。万历二十三年（1595）进士。历任兵部主事、山东、贵州、广西副使。

⑦蓬莱：古代传说中神仙所居住的地方，据说东海有蓬莱、方丈、瀛洲三山。阆（làng）苑：传说中神仙所居住的地方。

⑧咈（fú）：否定，不赞同。

【简评】

得水之力、之神、之趣，且安顿巧妙。此景只应天上有，人间难得几回观，难怪两位老先生有置身蓬莱之感。

葑门荷宕[①]

天启壬戌六月二十四日[②]，偶至苏州，见士女倾城而出，毕集于葑门外之荷花宕。楼船画舫至鱼艭小艇[③]，雇觅一空。远方游客，有持数万钱无所得舟，蚁旋岸上者。余移舟往观，一无所见。宕中以大船为经，小船为纬，游冶子弟，轻舟鼓吹，往来如梭。舟中丽人皆倩妆淡服，摩肩簇舄[④]，汗透重纱。舟楫之胜以挤，鼓吹之胜以杂，男女之胜以溷，歊暑燂烁[⑤]，靡沸终日而已。荷花宕经岁无人迹，是日，士女以鞋靸不至为耻[⑥]。袁石公曰[⑦]："其男女之杂，灿烂之景，不可名状。大约露帏则千花竞笑，举袂则乱云出峡，挥扇则星流月映，闻歌则雷辊涛趋。”⑧盖恨虎丘中秋夜之模糊躲闪⑨，特至是日而明白昭著之也。

【注释】

①葑（fēng）门：在今江苏苏州城东。初名封门，因周围多水塘，盛产葑，后改称葑门。

②天启壬戌：即天启二年（1622）。

③楼船：有多层结构的游船。画舫：装饰华美的船只。艬（lǐ）：小船。

④舄（xì）：鞋。

⑤歊（xiāo）：热气直冒。燂（qián）烁：炽热、炎热。

⑥鞋靸：拖着鞋。

⑦袁石公：袁宏道（1568—1610），字中郎，又字无学，号石公，湖广公安（今属湖北）人。与兄宗道、弟中道，并称三袁，是公安派的代表人物，著有《袁中郎全集》等。下面的引文出自其《荷花荡》一文。

⑧雷辊（gǔn）：雷声轰鸣。

⑨虎丘：在今江苏苏州，已有两千多年的历史，有吴中第一名胜的美称。作者在《夜航船》一书中亦有介绍：“虎丘：吴王阖闾死，治葬，穿土为川，积壤为丘，铜棺三重，以黄金珠玉为凫雁。葬三月，金精上腾为白虎，蹲踞山顶，因名虎丘。”

【简评】

农历六月二十四，相传是荷花的生日，按苏州当地的民俗，这一天全城男女老少都要到荷花宕赏荷。本文描绘了当年的盛况。

越俗扫墓

越俗扫墓，男女袨服靓妆[①]，画船箫鼓[②]，如杭州人游湖，厚人薄鬼，率以为常。二十年前，中人之家尚用平水屋帻船，男女分两截坐，不坐船，不鼓吹。先辈谑之曰："以结上文两节之意。"后渐华靡，虽监门小户，男女必用两坐船，必巾，必鼓吹，必欢呼畅饮。下午必就其路之所近，游庵堂、寺院及士夫家花园。鼓吹近城，必吹《海东青》《独行千里》，锣鼓错杂。酒徒沾醉，必岸帻嚣嚎[③]，唱无字曲，或舟中攘臂，与侪列厮打[④]。自二月朔至夏至[⑤]，填城溢国，日日如之。

乙酉[⑥]，方兵划江而守[⑦]，虽鱼艨菱舠[⑧]，收拾略尽。坟垅数十里而遥，子孙数人挑鱼肉楮钱，徒步往返之，妇女不得出城者三岁矣。萧索凄凉，亦物极必反之一。

【注释】

①袨（xuàn）服：华美的衣服。靓（jìng）妆：漂亮的装扮。

②箫鼓：箫和鼓，泛指演奏乐器。

③嚣嚎：大喊大叫。

④侪（chái）列：同伴，同伙。

⑤朔：农历每月初一。

⑥乙酉：顺治二年（1645）。

⑦方兵：方国安手下士兵。当时鲁王监国绍兴，封方国安为镇东侯，负责抗清。

⑧舠（dāo）：小船。

【简评】

“填城溢国”的扫墓盛况转眼间变成“收拾略尽”的“萧索凄凉”，“物极必反”一语后有多少难以言说的感慨和忧伤。

奔云石[①]

南屏石无出奔云右者[②]。奔云得其情，未得其理。石如滇茶一朵，风雨落之，半入泥土，花瓣棱棱，三四层折。人走其中，如蝶入花心，无须不缀也。黄寓庸先生读书其中[③]，四方弟子千余人，门如市。余幼从大父访先生。先生面黧黑，多髭须，毛颊，河目海口，眉棱鼻梁，张口多笑。交际酬酢[④]，八面应之。耳聆客言，目睹来牍，手书回札，口嘱傒奴，杂沓于前，未尝少错。客至，无贵贱，便肉、便饭食之，夜即与同榻。余一书记往[⑤]，颇秽恶，先生寝食之不异也，余深服之。

丙寅至武林[⑥]，亭榭倾圮，堂中窀先生遗蜕[⑦]，不胜人琴之感[⑧]。余见奔云黝润，色泽不减，谓客曰：“愿假此一室，以石磥门，坐卧其下，可十年不出也。”客曰：“有盗。”余曰：“布衣褐被，身外长物则瓶粟与残书数本而已。王弇州不曰‘盗亦有道也’哉[⑨]？”

【注释】

①作者《西湖梦寻》卷四“小蓬莱”一则与本文内容大致相同。该文开头介绍了奔云石命名的由来：“小蓬莱在雷峰塔右，宋内侍甘升园也。奇峰如云，古木蓊蔚，理宗常临幸。有御爱松，盖数百年物也。自古称为小蓬莱。石上有宋刻‘青云岩’、‘鳌峰’等字。今为黄贞父先生读书之地，改名‘寓林’，题其石为‘奔云’。”

②南屏：南屏山，在今浙江杭州西湖南岸，因在杭州城南，如一扇屏障，故名。多产奇石，有南屏晚钟等名胜。

③黄寓庸：黄汝亨（1558—1626），字贞父，号寓庸，仁和（今浙江杭州）人。万历二十六年（1598）进士，历任进贤县令、礼部郎中、江西布政司参议等。著有《天目记游》《廉吏传》《古秦议》《寓林集》《寓庸游记》等。他是作者祖父张汝霖的好友，作者曾向其学举业，称其为“举业知己”。

④酬酢：应酬，应对。

⑤书记：掌管文书的人。

⑥丙寅：即天启六年（1626）。武林：杭州的别称，因武林山而得名。

⑦窀（zhūn）：埋葬。遗蜕：遗体。

⑧人琴之感：典出《世说新语·伤逝》：“王子猷、子敬俱病，而子敬先亡。子猷问左右：‘何以都不闻消息？此已丧矣。’语时了不悲。便索舆来奔丧，都不哭。子敬素好琴，便径入坐灵床上，取子敬琴弹，弦既不调，掷地云：‘子敬子敬，人琴俱亡。’因恸绝良久。月余亦卒。”后多用此典表达对亲友的哀悼、思念之情。

⑨王弇州：王世贞（1526—1590），字元美，号凤洲，又号弇州山人。江苏太仓人。嘉靖二十六年（1547）进士，历任刑部主事、南京刑部尚书、青州兵备副使、浙江右参政、山西按察使、应天府尹等。以诗文名于世，是后七子代表人物。著有《弇州山人四部稿》《弇州山人续稿》《艺苑卮言》《弇山堂别集》等。

【简评】

《西湖梦寻》的《小蓬莱》一文写作时间当在本文之后，其结尾一段写得颇为凄凉，兹引于下：“今当丁酉，再至其地，墙围俱倒，竟成瓦砾之场。余欲筑室于此，以为东坡先生专祠，往鬻其地，而主人不肯。但林木俱无，苔藓尽剥。奔云一石，亦残缺失次，十去其五。数年之后，必鞠为茂草，荡为冷烟矣。菊水桃源，付之一想。”

木犹龙

木龙出辽海[①]，为风涛漱击[②]，形如巨浪跳蹴[③]，遍体多着波纹，常开平王得之辽东[④]，辇至京。开平第毁[⑤]，谓木龙炭矣。及发瓦砾，见木龙埋入地数尺，火不及，惊异之，遂呼为龙。不知何缘出易于市[⑥]，先君子以犀觥十七只售之[⑦]，进鲁献王[⑧]，误书“木龙”犯讳，峻辞之，遂留长史署中。先君子弃世，余载归，传为世宝。

丁丑诗社，恳名公人赐之名，并赋小言咏之。周墨农字以“木犹龙”[⑨]，倪鸿宝字以“木寓龙”[⑩]，祁世培字以“海槎”[⑪]，王士美字以“槎浪”[⑫]，张毅儒字以“陆槎”[⑬]，诗遂盈帙。木龙体肥痴，重千余斤，自辽之京、之兖、之济，由陆。济之杭，由水。杭之江、之萧山[⑭]、之山阴[⑮]、之余舍，水陆错。前后费至百金，所易价不与焉。呜呼，木龙可谓遇矣！

余磨其龙脑尺木[⑯]，勒铭志之[⑰]，曰：“夜壑风雷，骞槎化石；海立山崩，烟云灭没；谓有龙焉，呼之或出。”又曰：“扰龙张子[⑱]，尺木书铭；何以似之？秋涛夏云。”

【注释】

①辽海：泛指辽河流域及其以东沿海地区。明初曾设辽海卫，隶属辽东指挥使司。

②漱击：吹打，冲击。

③跳蹴（cù）：跳跃。

④常开平王：常遇春（1330—1369），字伯仁。怀远（今安徽怀远）

人。为明开国功臣，死后追封中书右丞相、开平王。

⑤第：府第、住宅。

⑥易：交换、卖。

⑦先君子：已去世的父亲，即作者的父亲张耀芳（1574—1632），字尔弢，号大涤。曾任鲁王右长史。

⑧鲁献王，当为鲁宪王，即朱寿鋐，万历二十九年（1601）被封鲁王，去逝后谥宪王。丁丑：崇祯十年（1637）。

⑨周墨农，字又新，山阴（今浙江绍兴）人，曾任职南京国子监。作者好友。字：写字，命名。

⑩倪鸿宝：倪元璐（1594—1644），字玉汝，号鸿宝，上虞（今浙江上虞）人。天启二年（1621）进士，官至户部尚书、礼部尚书。以书画名于世，传世作品有《舞鹤赋卷》《行书诗轴》《金山诗轴》等。著有《儿意内外仪》《倪文贞集》。张岱称其为“古文知己”。木寓龙：亦作木禺龙，即木雕的龙，古代祭神时用。

⑪祁世培：祁彪佳（1602—1645），字虎子，又字幼文、弘吉，号世培，别号远山堂主人。山阴（今浙江绍兴）人。天启元年（1621）进士，曾任苏松府巡按。著有《远山堂曲品》《远山堂剧品》《越中亭园记》《救荒全书》《祁忠敏公日记》《寓山注》《里居越言》《祁彪佳集》等。作者称其为“字画知己”，其事迹参见本书补遗之《祁世培》。

⑫王士美：王业洵，字士美，余姚（今浙江余姚）人。为刘宗周弟子，善琴。

⑬张毅儒：张弘，字毅儒，善诗文，编有《明诗存》。他是作者的堂弟，作者称其为“诗学知己”。

⑭萧山：今浙江萧山。

⑮山阴：今浙江绍兴。

⑯尺木：传说龙升天时所凭依的短小树木。作者在《夜航船》一书中也有介绍：“尺木：龙头上有一物，如博山形，名曰尺木。龙无尺木，不能升天。”

⑰勒：刻。

⑱张子：作者的自称。本书中作者多以“张子”自称。

【简评】

作者另写有《木寓龙》一诗，诗序中说：“先君子有木寓龙，生于辽海，形如蹴浪，命岱赋之，因用东坡《木假山》诗龙。”可与本文参看。

天　砚

少年视砚，不得砚丑。徽州汪砚伯至，以古款废砚，立得重价，越中藏石俱尽。阅砚多，砚理出。曾托友人秦一生为余觅石[①]，遍城中无有。山阴狱中大盗出一石，璞耳，索银二斤。余适往武林，一生造次不能辨[②]，持示燕客[③]。燕客指石中白眼曰：“黄牙臭口[④]，堪留支桌。”赚一生还盗[⑤]。燕客夜以三十金攫去。命砚伯制一天砚，上五小星一大星，谱曰“五星拱月”。燕客恐一生见，铲去大小二星，止留三小星。一生知之，大懊恨，向余言。余笑曰：“犹子比儿。”[⑥]亟往索看。燕客捧出，赤比马肝，酥润如玉，背隐白丝类玛瑙，指螺细篆，面三星坟起如弩眼[⑦]，着墨无声而墨沉烟起，一生痴瘠[⑧]，口张而不能翕。燕客属余铭，铭曰：“女娲炼天，不分玉石；鳌血芦灰，烹霞铸日；星河溷扰，参横箕翕。”[⑨]

【注释】

①秦一生：作者好友，绍兴人。性好山水声伎、丝竹管弦。作者写有《祭秦一生文》。

②造次：仓促、匆忙。

③燕客：张萼，字介子，号燕客，张岱叔父张联芳之子。

④黄牙臭口：这里是说石头品质低劣。

⑤赚：哄骗。

⑥犹子：侄子。“犹子比儿”，语出《千字文》：“诸姑伯叔，犹子比儿。”作者在其《夜航船》一书中亦有介绍：“犹子：卢迈进中书侍郎，再娶无子。或劝蓄姬媵，迈曰：‘兄弟多子，犹子也，可以主后。’”作者引这句话，意在安慰秦一生，砚在燕客那里，与在他手里一样，不必太计较。

⑦坟起：隆起、突出。

⑧痴痣（zhì）：呆痴。

⑨“女娲炼天”句：古代神话传说，女娲炼五色石补天，折鳌四足支撑四极，用芦灰来堵洪水。参、箕：星宿名，这里指砚上的小星。

【简评】

作者的这位堂弟果然是行家里手，懂得璞石的价值所在，只是得来的手段不够光明正大。

吴中绝技[①]

吴中绝技：陆子冈之治玉，鲍天成之治犀，周柱之治嵌镶[②]，赵良璧之治梳，朱碧山之治金银，马勋、荷叶李之治扇，张寄修之治琴，范昆白之治三弦子，俱可上下百年，保无敌手。

但其良工苦心，亦技艺之能事。至其厚薄深浅，浓淡疏密，适与后世赏鉴家之心力、目力针芥相对[③]，是岂工匠之所能办乎？

盖技也而进乎技矣[④]。

【注释】

①吴中：今江苏吴县一带。泛指吴地。

②嵌镶：以物嵌入或镶边。

③针芥相对：即针芥相投，比喻性情契合，相互合得来。

④进乎技矣：语出《庄子·养生主》：“臣之所好者道也，进乎技矣。”

【简评】

其他版本的最后一句皆作“技也而进乎道矣”，与“技也而进乎技矣”相比，显得平实且缺乏韵味。

濮仲谦雕刻[①]

南京濮仲谦，古貌古心，粥粥若无能者[②]，然其技艺之巧，夺天工焉。其竹器，一帚一刷，竹寸耳，勾勒数刀，价以两计。然其所以自喜者，又必用竹之盘根错节，以不事刀斧为奇，则是经其手略刮磨之，而遂得重价，真不可解也。

仲谦名噪甚，得其款[③]，物辄腾贵。三山街润泽于仲谦之手者数十人焉[④]，而仲谦赤贫自如也。于友人座间见有佳竹、佳犀，辄自为之。意偶不属，虽势劫之、利啖之[⑤]，终不可得。

【注释】

①濮仲谦：濮澄，字仲谦，当涂（今安徽当涂）人。民间竹刻艺人。作者《夜航船》亦有记载：“竹器：南京所制竹器，以濮仲谦为第一，其所雕琢，必以竹根错节盘结怪异者，方肯动手，时人得其一款物，甚珍重之。”此外作者还曾为其竹刻作品撰写《鸠柴奇觚记序》。

②粥粥：卑恭和顺的样子。

③款：款式、样式。

④三山街：在今江苏南京中华路、建康路交会处，因临近三山门而

得名。润泽：受到好处、恩惠。

⑤啖（dàn）：利诱、引诱。

【简评】

宋琬在其《竹罂草堂歌》一诗中这样描写濮仲谦的技艺：

“白门濮生亦其亚，大朴不斫开新硎。虬须削尽见龙蜕，轮囷蟠屈鸱夷形。匠心奇创古无有，区区荷锸羞刘伶。妙制流传真者少，何侯得之为异宝。”

可为本文之补充。

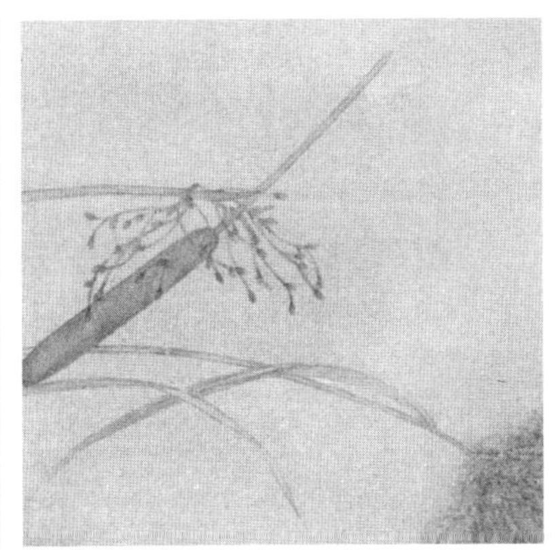

卷二

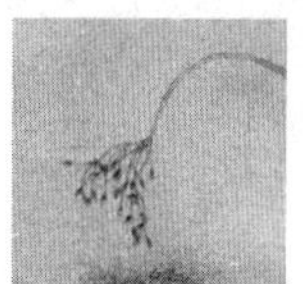

孔庙桧[①]

己巳至曲阜[②]，谒孔庙，买门者门以入。宫墙上有楼耸出，匾曰“梁山伯祝英台读书处”[③]，骇异之。

进仪门，看孔子手植桧。桧历周、秦、汉、晋几千年，至晋怀帝永嘉三年而枯[④]。枯三百有九年，子孙守之不毁，至隋恭帝义宁元年复生[⑤]。生五十一年，至唐高宗乾封三年再枯[⑥]。枯三百七十有四年，至宋仁宗康定元年再荣[⑦]。至金宣宗贞祐三年罹于兵火[⑧]，枝叶俱焚，仅存其干，高二丈有奇。后八十一年，元世祖三十一年再发[⑨]。至洪武二十二年己巳[⑩]，发数枝，蓊郁；后十余年又落。摩其干，滑泽坚润，纹皆左纽，扣之作金石声。孔氏子孙恒视其荣枯，以占世运焉。

再进一大亭，卧一碑，书“杏坛”二字，党英笔也[⑪]。亭界一桥，洙、泗水汇此。过桥，入大殿，殿壮丽，宣圣及四配、十哲俱塑像冕旒[⑫]。案上列铜鼎三、一牺、一象、一辟邪，款制遒古，浑身翡翠，以钉钉案上。阶下竖历代帝王碑记，独元碑高大，用风磨铜赑屃[⑬]，高丈余。左殿三楹，规模略小，为孔氏家庙。东西两壁，用小木匾书历代帝王祭文。西壁之隅，高皇殿焉[⑭]。庙中凡明朝封号，俱置不用，总以见其大也。孔家人曰：“天下只三家人家：我家与江西张、凤阳朱而已。江西张，道士气；凤阳朱，暴发人家，小家气。”

【注释】

①孔庙：在今山东曲阜南门内。原为孔子故宅，初建于公元前478年，后历代帝王不断加封孔子，扩建庙宇，是我国三大古建筑群之一。桧（guì）：又称“刺柏”，一种常绿乔木，木材呈桃红色，有香气。

②己巳：即崇祯二年（1629）。

③梁山伯祝英台：民间传说中的人物。祝英台女扮男装，与梁山伯同窗共读，结下深厚情谊。因父母干涉，婚姻未成，两人殉情而死，化为一对蝴蝶。

④晋怀帝永嘉三年：309年。

⑤隋恭帝义宁元年：617年。

⑥唐高宗乾封三年：668年。

⑦宋仁宗康定元年：1040年。

⑧金宣宗贞祐三年：1215年。

⑨元世祖三十一年：即至元三十一年（1294）。

⑩洪武二十二年：1389年。

⑪党英：当即党怀英（1134—1211），字世杰，号竹溪，冯翊（今陕西大荔）人。曾官至翰林学士承旨，以书法名于世。

⑫宣圣：汉平帝追谥孔子为褒成宣公，后历代王朝皆尊孔子为圣人，人们多尊称其为宣圣。四配：配祀孔子的四位儒门圣贤，即复圣颜子、宗圣曾子、述圣子思子、亚圣孟子。十哲：孔子门下最优秀的十位学生，即子渊、字骞、伯牛、仲弓、子有、子贡、子路、子我、子游、子夏。

⑬风磨铜：一种主要成分为铜、金的合金，风越吹磨则越明亮。赑屃（bì xì）：古代传说中的一种动物，外形像龟，能负重，旧时石碑基座多雕成其形。

⑭高皇：即朱元璋，凤阳（今安徽凤阳）人。

【简评】

作者写有《孔子手植桧》一诗，最后几句云：“昔灵今不灵，顽仙逊蓂荚。岂下有虫蚁，乃来为窟穴。余欲驱除之，敢借击蛇笏。”其志向于此可见。

孔　林[1]

曲阜出北门五里许，为孔林。紫金城城之，门以楼，楼上见小山一点，正对东南者，峄山也[2]。折而西，有石虎、石羊三四，在榛莽中。过一桥，二水汇，泗水也。享殿后有子贡手植楷[3]。楷大小千余本，鲁人取为材、为棋枰。享殿正对伯鱼墓[4]，圣人葬其子得中气。由伯鱼墓折而右，为宣圣墓[5]。去数丈，案一小山，小山之南为子思墓[6]。数百武之内[7]，父、子、孙三墓在焉。谯周云[8]："孔子死后，鲁人就冢次而居者百有余家，曰'孔里'。"《孔丛子》曰[9]："夫子墓方一里，在鲁城北六里泗水上。"诸孔氏封五十余所，人名昭穆[10]，不可复识。

有碑铭三，兽碣俱在。《皇览》曰[11]："弟子各以四方奇木来植，故多异树不能名。一里之中未尝产棘木、荆草。"紫金城外，环而墓者数千家，三千二百余年，子孙列葬不他徙，从古帝王所不能比隆也。宣圣墓右，有小屋三间，匾曰"子贡庐墓处"。盖自兖州至曲阜道上[12]，时官以木坊表识，有曰"齐人归讙处"[13]，有曰"子在川上处"[14]，尚有义理；至泰山顶上[15]，乃勒石曰"孔子小天下处"[16]，则不觉失笑矣。

【注释】

①孔林：在今山东曲阜北门外，为孔子及其后裔的墓地。作者在《夜航船》一书亦有介绍，兹引如下："自泰山发脉，石骨走二百里，至曲阜结穴，洙、泗二水汇于其前，孔林数百亩，筑城围之。城以外皆孔氏子孙，围绕列葬，三千年来，未尝易处。南门正对峄山，石羊、石虎

皆低小，埋土中。伯鱼墓，孔子所葬，南面居中，前有享堂。堂右横去数十武，为宣圣墓。墓坐一小阜，右有小屋三楹，上书‘子贡庐墓处’。墓前近案，对一小山，其前即葬子思父子孙三墓，所隔不远，马鬣之封不用石砌，土堆而已。林中树以千数，惟一楷木老本，有石碑刻‘子贡手植楷’，其下小楷生植甚繁。此外合抱之树皆异种，鲁人世世无能辨其名者，盖孔子弟子异国人，皆持其国中树来种者。林以内不生荆棘，并无刺人之草。”

②峄（yì）山：又名邹山，在今山东邹县。

③子贡：端木赐，字子贡，孔子的弟子。楷（jiē）：又名黄连木，一种落叶乔木。

④伯鱼：孔鲤，字伯鱼，孔子的儿子。

⑤宣圣墓：孔子墓。

⑥子思：孔伋，字子思，孔子的孙子。

⑦武：步。

⑧谯周：谯周（201—270），字允南，西充（今四川阆中）人。曾任蜀汉学官、光禄大夫。入晋后任骑都尉等职。著有《五经论》《古史考》等。

⑨《孔丛子》：三卷，二十一篇，旧题孔鲋撰。主要记叙孔子及子思、子上、子高、子顺等人的言行。学者多认为该书为伪托之书。

⑩昭穆：古代宗法制度所规定宗庙或宗庙中神主的排列次序，以始祖居中，以下父子相递为昭穆，左为昭，右为穆。

⑪《皇览》：三国魏文帝时刘劭、王象等人所编撰的一部类书，共四十余部。因供皇帝阅览，故名。原书今已失传，后人有辑本。

⑫兖州：今山东兖州。

⑬齐人归讙：语出《春秋·定公十年》：“齐人来归郓、讙、龟阴田。”

⑭子在川上：语出《论语·子罕》：“子在川上曰：‘逝者如斯夫，不舍昼夜。’”

⑮泰山：在今山东泰安，古称东岳，为五岳之首。

⑯孔子小天下：语出《孟子·尽心上》："孔子登东山而小鲁，登泰山而小天下。"

【简评】

作者写有《子贡手植楷》一诗，末两句云："惟不受秦官，真堪为世楷。"可谓话里有话。

燕子矶[①]

燕子矶，余三过之。水势湁潗[②]，舟人至此，捷捽抒取[③]，钩挽铁缆，蚁附而上。篷窗中见石骨棱层，撑拒水际，不喜而怖，不识岸上有如许境界。

戊寅到京后[④]，同吕吉士出观音门[⑤]，游燕子矶。方晓佛地仙都，当面蹉过之矣。登关王殿，吴头楚尾，是侯用武之地，灵爽赫赫，须眉戟起。缘山走矶上，坐亭子，看水江潎洌[⑥]，舟下如箭。折而南，走观音阁，度索上之。阁旁僧院，有峭壁千寻[⑦]，碚礌如铁[⑧]，大枫数株，蓊以他树，森森冷绿，小楼痴对，便可十年面壁[⑨]。今僧寮佛阁[⑩]，故故背之，其心何忍？是年，余归浙，闵老子、王月生送至矶[⑪]，饮石壁下。

【注释】

①燕子矶：在今江苏南京城北直渎山，因石峰突出江上，三面临空，远望如燕子展翅欲飞，故名。名胜有头台洞、观音洞、二台洞和三台洞等。

②湁潗（chì jí）：水流喷涌翻腾。

③捽（zuó）：揪、抓。

④戊寅：崇祯十一年（1638）。

⑤吕吉士：吕福生，字吉士，绍兴人。复社成员，入清后曾任高淳知县。

⑥澼洌（pì liè）：水流很急的样子。

⑦寻：古代一种长度单位，八尺为一寻。

⑧碚礌（bèi léi）：坚硬的石头。

⑨面壁：又称壁观，面对墙壁默坐静修，后泛指十分专心地思考、反省。

⑩寮（liáo）：小房子，小屋子。

⑪闵老子：闵汶水，作者在金陵结识的一位茶友。详见本书卷三《闵老子茶》。王月生，明末南京名妓，详见本书卷八《王月生》。

【简评】

如此风景，自然不能“当面蹉过”。

鲁藩烟火[1]

兖州鲁藩烟火妙天下。烟火必张灯，鲁藩之灯，灯其殿[2]、灯其壁、灯其楹柱、灯其屏、灯其座、灯其宫扇伞盖。诸王公子、宫娥僚属、队舞乐工，尽收为灯中景物。及放烟火，灯中景物又收为烟火中景物。天下之看灯者，看灯灯外；看烟火者，看烟火烟火外，未有身入灯中、光中、影中、烟中、火中，闪烁变幻，不知其为王宫内之烟火，亦不知其为烟火内之王宫也。

殿前搭木架数层，上放“黄蜂出窠”“撒花盖顶”“天花喷礴”。四旁珍珠帘八架，架高二丈许，每一帘嵌孝、悌、忠、信、礼、义、廉、耻一大字。每字高丈许，晶映高明。下以五色火漆塑狮[3]、象、橐驼之属百余头，上骑百蛮，手中持象牙、犀角、珊瑚、玉斗诸器，器中实“千丈菊”“千丈梨”诸火器，兽足蹑以车轮，腹内藏人。旋转其下，百蛮手中，瓶花徐发，雁雁行行，且阵且走[4]。移时，百兽口出火，尻亦出火[5]，纵横践踏。端门内外，烟焰蔽天，月不得明，露不得下。看者耳目攫夺，屡欲狂易[6]，恒内手持之。

昔者有一苏州人，自夸其州中灯事之盛，曰：“苏州此时有起火，亦无处放，放亦不得上。”众曰：“何也？”曰：“此时天上被起火挤住，无空隙处耳！”人笑其诞。于鲁府观之，殆不诬也[7]。

【注释】

①鲁藩：洪武三年（1370），朱元璋封其第十子朱檀为鲁王，后世代因袭，故名。

②灯其殿：此处灯活用为动词，有装灯、点灯之意。下文“灯其壁”“灯其楹柱”等皆同。

③火漆：以松脂、石蜡为原料加颜料制成的物质，易融化，亦易凝固，通常用于密封文件、瓶口。

④且阵且走：一边排列队阵一边跑着。

⑤尻（kāo）：脊骨的末端，包括骶骨和尾骨。

⑥狂易：精神失常，一反常态。

⑦诬：欺骗、骗人。

【简评】

读罢此文，很自然会联想到卞之琳的《断章》：

你站在桥上看风景，
看风景的人在楼上看你。

明月装饰了你的窗子，
你装饰了别人的梦。

朱云崃女戏[1]

朱云崃教女戏，非教戏也。未教戏，先教琴，先教琵琶，先教提琴、弦子、箫管、鼓吹、歌舞，借戏为之，其实不专为戏也。郭汾阳、杨越公、王司徒女乐[2]，当日未必有此。丝竹错杂，檀板清讴，已妙腠理[3]，唱完以曲白终之，反觉多事矣。

西施歌舞[4]，对舞者五人，长袖缓带，绕身若环，曾挠摩地，扶旋猗那，弱如秋药[5]。女官内侍，执扇葆璇盖、金莲宝炬、纨扇、宫灯二十余人，光焰荧煌，锦绣纷叠，见者错愕[6]。

云老好胜，遇得意处，辄盱目视客[7]；得一赞语，辄走戏房，与诸姬道之，俛出俛入[8]，颇极劳顿。且闻云老多疑忌，诸姬曲房密户，重重封锁，夜犹躬自巡历，诸姬心憎之。有当御者，辄遁去，互相藏闪，只在曲房，无可觅处，必叱咤而罢。殷殷防护，日夜为劳，是无知老贱，自讨苦吃者也，堪为老年好色之戒。

【注释】

①崃（lái）：山名，即邛崃山，在今四川西部。

②郭汾阳：郭子仪（697—781），郑县（今陕西华县）人。历任兵部尚书、太尉兼中书令、天下兵马副元帅，封汾阳郡王。杨越公：杨素（？—606），字处道。华阴（今属陕西）人。曾被封越国公。王司徒：王允（137—192），字子师，太原祁（今山西祁县）人，历任豫州刺史、司徒。

③腠理：肌肤。

④西施：春秋时期的美女，曾协助越王勾践灭吴。

⑤“绕身若环”句：语出《淮南子·修务训》：“今鼓舞者，绕身若环，曾挠摩地，扶旋猗那，动容转曲，便媚拟神，身若秋药被风。”描绘舞者的舞技高超，舞姿美妙。

⑥错愕：吃惊。

⑦盱（xū）目：瞪大眼睛看。

⑧佹（guǐ）：不时。

【简评】

“借戏为之，其实不专为戏”，说起来也是一种境界，这正是朱云崃的高明之处。

绍兴琴派

丙辰学琴于王侣鹅[①]，绍兴存王明泉派者推侣鹅，学《渔樵回答》《列子御风》《碧玉调》《水龙吟》《捣衣环珮声》等曲。戊午学琴于王本吾[②]，半年得二十余曲：《雁落平沙》《山居吟》《静观吟》《清夜坐钟》《乌夜咏》《汉宫秋》《高山流水》《梅花弄》《淳化引》《沧江夜雨》《庄周梦》，又《胡笳十八拍》《普庵咒》等小曲十余种。王本吾指法圆静，微带油腔[③]。余得其法，练熟还生，以涩勒出之[④]，遂称合作。同学者，范与兰[⑤]、尹尔韬[⑥]、何紫翔[⑦]、王士美、燕客、平子[⑧]。与兰、士美、燕客、平子俱不成，紫翔得本吾之八九而微嫩，尔韬得本吾之八九而微迂。余曾与本吾、紫翔、尔韬取琴四张弹之，如出一手，听者骇服[⑨]。后本吾而来越者，有张慎行、何明台，结实有余而萧散不足[⑩]，无出本吾上者。

【注释】

①丙辰：万历四十四年（1616）。

②戊午：万历四十六年（1618）。

③油腔：腔调浮滑。

④涩（sè）：不够润滑、顺畅。

⑤范与兰：生平不详，参见本书卷八《范与兰》。

⑥尹尔韬：字芝仙，号袖花老人，山阴（今浙江绍兴）人，曾任中书舍人，精通音律，著有《原琴正议》《审音奏议》等。

⑦何紫翔：生平不详，作者写有《与何紫翔书》，与其探讨弹琴之法。

⑧平子：张峰，字平子，作者的弟弟。

⑨駴（hài）：同“骇”，使人吃惊。

⑩萧散：闲散。这里指乐调的悠扬。

【简评】

作者在《与何紫翔书》一文中谈到弹琴的“练熟还生”之法，颇为精彩，兹引如下：“弹琴者，初学入手，患不能熟；及至一熟，患不能生。夫生，非涩勒离歧、遗忘断续之谓也。古人弹琴，唫揉绰注，得手应心。其间勾皆之巧，穿度之齐，呼应之灵，顿挫之妙，真有非指非弦，非勾非剔，一种生鲜之气，人不及知，己不及觉者。非十分纯熟，十分淘洗，十分脱化，必不能到此地步。盖此练熟还生之法，自弹琴拨阮，蹴踘吹箫，唱曲演戏，描画写字，作文做诗，凡百诸项，皆藉此一口生气。得此生气者，自致清虚；失此生气者，终成渣秽。吾辈弹琴，亦唯取此一段生气已矣。”

花石纲遗石[①]

越中无佳石。董文简斋中一石[②]，磊块正骨，窋咤数孔[③]，疏爽明易，不作灵谲波诡[④]，朱勔花石纲所遗[⑤]，陆放翁家物也[⑥]。文简竖之庭除[⑦]，石后种剔牙松一株，辟咡负剑[⑧]，与石意相得。文简轩其北，名“独石轩”，石之轩独之无异也。石篑先生读书其中[⑨]，勒铭志之。

大江以南，花石纲遗石，以吴门徐清之家一石为石祖。石高丈五，朱勔移舟中，石盘沉太湖底，觅不得，遂不果行。后归乌程董氏[⑩]，载至中流，船复覆。董氏破资募善入水者取之。先得其盘，诧异之，又溺水取石，石亦旋起，时人比之延津剑焉[⑪]。后数十年，遂为徐氏有[⑫]。再传至清之，以三百金竖之。石连底高二丈许，变幻百出，无可名状。大约如吴无奇游黄山[⑬]，见一怪石，辄瞋目叫曰[⑭]：“岂有此理！岂有此理！”

【注释】

①花石纲：古代专门运送花木异石以满足皇帝喜好的运输编队的名称。北宋时为修建艮岳，宋徽宗在苏州设置应奉局，在江南搜罗花木奇石。经水路运至汴京。当时的船队十船为一组，称作一“纲”，花石纲名称由此而来。

②董文简：董玘（1487—1546），字文玉，浙江会稽人，弘治十八年（1505）进士，历任刑部主事、吏部右侍郎、吏部左侍郎。谥文简。著有《董中峰稿》。

③窋咤（zhú zhà）：原意为物体在穴中突出的样子，这里指洞穴。

④灵谲波诡：神奇怪异的样子。

⑤朱勔（miǎn）：朱勔（1075—1126），苏州人。宋徽宗时，朱勔为奉迎皇帝，搜求珍奇花石以献，劳民伤财。

⑥陆放翁：陆游（1125—1210），字务观，号放翁，越州山阴（今浙江绍兴）人。历任夔州通判、朝议大夫、礼部郎中。著有《剑南诗稿》《渭南文集》《南唐书》《老学庵笔记》等。

⑦除：台阶。

⑧咡（èr）：嘴边，口耳之间。

⑨石篑先生：陶望龄（1562—1609），字周望，号石篑，会稽（今浙江绍兴）人。万历十七年（1589）进士，历任翰林院编修、侍讲、国子监祭酒。著有《制草》《歇庵集》《解庄》《天水阁集》等。

⑩董氏：董份（1510—1595），字用均，号南浔山人，乌程（今浙江湖州南浔）人。嘉靖二十年（1541）进士。历任翰林编修、太常少卿、礼部右侍郎、礼部尚书、吏部尚书。著有《泌园集》。

⑪延津剑：指龙泉、太阿两剑。据《晋书》记载，雷焕得双剑，一曰龙泉，一曰太阿，他送张华一把，一把自佩，后来“华诛，失剑所在。焕卒，子华为州从事，持剑行经延平津，剑忽于腰间跃出堕水，使人没水取之，不见剑，但见两龙各长数丈”。

⑫徐氏：徐泰时（1540—1598），原名三锡，字大来，号舆浦，长洲（今江苏苏州）人。万历八年（1580）进士，历任工部主事，太仆寺少卿。苏州著名园林留园即为其所建。他是董份的女婿、徐清之的父亲。

⑬吴无奇：吴士奇，字无奇，号恒初，安徽歙县人。万历二十年（1592）进士。历任宁化、归安知县、南京户部主事、太常寺卿，著有《绿滋馆稿》《史裁》等。

⑭瞋（chēn）目：瞪大眼睛。

【简评】

文中所言徐家所藏石祖，原放置在徐氏东园（今留园）内，并更名为瑞云峰。乾隆四十四年，乾隆皇帝南巡，被移到其行宫（现苏州第十中学）

内，今保存完好。

焦　山[①]

仲叔守瓜州[②]，余借住于园[③]，无事辄登金山寺[④]。风月清爽，二鼓，犹上妙高台[⑤]，长江之险，遂同沟浍。

一日，放舟焦山，山更纡谲可喜[⑥]。江曲涡山下[⑦]，水望澄明，渊无潜甲[⑧]。海猪[⑨]、海马，投饭起食，驯扰若豢鱼[⑩]。看水晶殿，寻瘗鹤铭[⑪]，山无人杂，静若太古。回首瓜洲，烟火城中，真如隔世。

饭饱睡足，新浴而出，走拜焦处士祠[⑫]。见其轩冕黼黻[⑬]，夫人列坐，陪臣四，女官四，羽葆云罕[⑭]，俨然王者。盖土人奉为土谷，以王礼祀之。是犹以杜十姨配伍髭须[⑮]，千古不能正其非也。处士有灵，不知走向何所？

【注释】

①焦山：又名浮玉山，在今江苏镇江，位于长江中，因汉末学者焦先隐居此地而得名。

②仲叔：张联芳，字尔葆，号二酉。作者的祖叔。瓜洲：在今江苏扬州市邗江区，与镇江隔江斜望，位于古运河下游与长江交汇处。

③于园：详见本书卷五《于园》。

④金山寺：在今江苏镇江。东晋时建造，原名泽心寺、龙游寺，自唐代以来人们多称其为金山寺。

⑤妙高台：又名晒经台，为宋代僧人了元所建。1948 年与金山寺大殿、藏经楼等同毁于火，今仅存台址。

⑥纡谲：曲折。

⑦曲涡（wō）：盘旋、回环。

⑧甲：甲鱼之类的水生动物。

⑨海猪：海豚。

⑩驯扰：驯服、顺服。

⑪瘗（yì）鹤铭：南朝摩崖刻石。原刻在今江苏镇江焦山西麓崖石上。宋时受雷击崩落长江中，清康熙时移置山上，后砌入定慧寺壁间，今存残石。瘗，埋葬。瘗鹤铭，也就是葬鹤的铭文，在中国书法史有着重要的地位和影响。

⑫焦处士：焦先，字孝然，东汉人。汉末天下大乱，他隐居山中，焦山即由此而得名。

⑬轩冕：士大夫以上官员的车乘和冕服。黼黻（fǔ fú）：泛指古代礼服上所绣的精美花纹。

⑭羽葆：用鸟羽装饰的车盖。作者在其《夜航船》中亦有解释："羽葆：聚五采羽为幢，建于车上，天子之仪卫也。"云罕：旌旗。

⑮以杜十姨配伍髭须：典出宋俞琰《席上腐谈》："温州有土地杜拾姨无夫，五撮须相公无妇。州人迎杜拾姨以配五撮须，合为一庙。杜十姨为谁？乃杜拾遗也。五撮须为谁？乃伍子胥也。少陵有灵，必对子胥笑曰：'尔尚有相公之称，我乃为十姨，岂不雌我耶？'"

【简评】

写得颇为真切、传神，这是靠道听途说无法做到的。

表胜庵[①]

炉峰石屋为一金和尚结茅守土之地[②]，后住锡柯桥融光寺[③]。大父造表胜庵成，迎和尚还山住持。命余作启，启曰：

"伏以丛林表胜，惭给孤之大地布金④；天瓦安禅⑤，冀宝掌自五天飞锡⑥。重来石塔，戒长老特为东坡⑦；悬契松枝，万回师却逢西向⑧。去无作相，住亦随缘。伏惟九里山之精蓝⑨，实是一金师之初地。偶听柯亭之竹笛⑩，留滞人间；久虚石屋之烟霞，应超尘外。譬之孤天之鹤，尚眷旧枝；想彼弥空之云，亦归故岫。况兹胜域，宜兆异人，了住山之夙因⑪，立开堂之新范。护门容虎，洗钵归龙⑫。茗得先春，仍是寒泉风味；香来破腊，依然茅屋梅花。半月岩似与人猜⑬，请大师试为标指；一片石正堪对语⑭，听生公说到点头⑮。敬藉山灵⑯，愿同石隐。倘净念结远公之社⑰，定不攒眉；若居心如康乐之流⑱，自难开口。立返山中之驾，看回湖上之船，仰望慈悲，俯从大众。"

【注释】

①表胜庵：作者祖父张汝霖所建，祁彪佳《越中园亭记》对其有详细的描绘："表胜，庵也。而列之园，则张肃之先生精舍在焉。山名九里，以越盛时笙歌闻于九里，故名。渡岭穿溪，至水尽路穷而庵始出。冷香亭居庵之左，矸阁、钟楼，若断若续，俱悬崖架壑为之，而奇石陡峻，则莫过于鸥虎轩。"

②炉峰：即香炉峰，为会稽山的支峰，在绍兴城南。石屋：寺院名，在香炉峰西麓。

③融光寺：在今柯桥融光桥西南。宋绍兴六年（1136）始建，明正统十二年（1447）改称融光寺。

④给孤之大地布金：传说印度憍萨罗国给孤独舍购买太子祇陀的园林，以赠释迦，让其在此说法。太子说，如能用黄金将地面铺满，便将此园相让。孤独舍依言用黄金铺地，感动太子。后此园以两人名字命名为"祇树给孤独园"。

⑤天瓦：即天瓦山房，在表胜庵下，背负绝壁。

⑥宝掌：印度高僧。五天：即五天竺，指古印度。古代印度分东天

竺、南天竺、西天竺、北天竺、中天竺五个区域。飞锡：云游四方。作者《夜航船》一书亦有介绍：“飞锡：《高僧传》：梁武时，宝志爱舒州潜山奇绝，时有方士白鹤道人者亦欲之。帝命二人各以物识其地，得者居之。道人以鹤止处为记，宝志以卓锡处为记。已而，鹤先飞去，忽闻空中锡飞声，遂卓于山麓，而鹤止他处，遂各以所识筑室焉。故称行僧为飞锡，住赠为卓锡，又曰挂锡。”

⑦重来石塔，戒长老特为东坡：苏轼《重请戒长老住石塔疏》一文中有“大士未曾说法，谁作金毛之声；众生各自开堂，何关石塔之事。去无作相，住亦随缘。长老戒公，开不二门，施无尽藏。念西湖之久别，本是偶然；为东坡而少留，无不可者”之语。戒长老：北宋高僧，名戒弼。

⑧万回师却逢西向：传说唐代僧人万回之兄守服役安西，父母十分想念。他早上去探望兄长，晚上就带回兄长的书信。

⑨九里山：在绍兴城南。精蓝：佛寺。

⑩柯亭之竹笛：据晋伏滔《长笛赋序》记载：“邕避难江南，宿于柯亭，柯亭之观，以竹为椽，邕仰而眄之曰：良竹也，取以为笛，音声独绝。”柯亭：又名高迁亭，在今绍兴西南。

⑪了：了结，结束。

⑫洗钵归龙：《晋书·僧涉传》：“僧涉者，西域人也，不知何姓。……能以秘祝下神龙，每旱，坚常使之咒龙请雨。俄而龙下钵中，天辄大雨。”

⑬半月岩：即半月泉，在绍兴法华山天衣寺下。

⑭一片石正堪对语：典出张鷟《朝野佥载》：“温子升作《韩陵山寺碑》，庾信读而写其本。南人问信曰：‘北方文士何如?’信曰：‘唯有韩陵山一片石堪共语。’”作者《夜航船》一书亦有记载：“韩山一片石：庾信自南朝至北方，惟爱温子所作《韩山碑》。或问北方何如，信曰：‘惟韩山一片石堪与语，余若驴鸣犬吠耳。’”

⑮听生公说到点头：语出晋无名氏《莲社高贤传·道生法师》：“师

被摈，南还，入虎丘山，聚石为徒。讲《涅槃经》，至阐提处，则说有佛性，且曰：‘如我所说，契佛心否?’群石皆为点头，旬日学众云集。”后以“顽石点头”比喻说理透彻，令人信服。

⑯藉（jiè）：借。

⑰远公之社：东晋元兴元年（402），高僧慧远（334—416）曾与信徒一百多人在庐山结白莲社，倡导净土法门。

⑱康乐：谢灵运（385—433），原籍陈郡阳夏（今河南太康），出生于会稽始宁（今浙江上虞），出身名门望族，袭封康乐公。曾任大司马行参军、太尉参军、中书侍郎、散骑常侍、太子左卫率等。为山水诗的开创者，著有《晋书》《谢灵运集》等。

【简评】

启文写得颇有文采，可见作者文风的另一面。

梅花书屋

陔萼楼后老屋倾圮，余筑基四尺，造书屋一大间。旁广耳室如纱幮[①]，设卧榻。前后空地，后墙坛其趾，西瓜瓤大牡丹三株，花出墙上，岁满三百余朵。坛前西府二树，花时积三尺香雪。前四壁稍高，对面砌石台，插太湖石数峰。西溪梅骨古劲，滇茶数茎妩媚，其傍梅根种西番莲，缠绕如缨络[②]。窗外竹棚，密宝襄盖之[③]。阶下翠草深三尺，秋海棠疏疏杂入。前后明窗，宝襄、西府，渐作绿暗。余坐卧其中，非高流佳客，不得辄入。慕倪迂清閟[④]，又以“云林秘阁”名之。

【注释】

①耳室：堂屋两旁的小房间。纱幮（chú）：纱帐。

②缨络：同“璎珞”，用珠玉串成的装饰品。

③宝襄：当为“宝相”，一种蔷薇花。

④倪迂清闷：倪瓒（1301—1374），初名珽，字元镇，号云林，别号幼霞生、荆蛮民、奚元朗等，无锡（今江苏无锡）人。元代书画家，与黄公望、吴镇、王蒙并称“元四家”，著有《清闷阁集》。家中建有清闷阁以收藏书画、古玩。清闷阁：清秘阁。作者《夜航船》一书有介绍：“清秘阁：倪云林所居，有清秘阁、云林堂。其清秘阁尤胜，前植碧梧，四周列以奇石，蓄古法书名画其中，客非佳流不得入。尝有夷人入贡，道经无锡，闻云林名，欲见之，以沉香百斤为贽，云林令人绐云：‘适往惠山饮泉。’翌日再至，又辞以出探梅花。夷人不得一见，徘徊其家。倪密令开云林堂使登焉，东设古玉器，西设古鼎彝尊罍，夷人方惊顾，问其家人曰：‘闻有清秘阁，可一观否？’家人曰：‘此阁非人所易入，且吾主已出，不可得也。’夷人望阁再拜而去。”

【简评】

除本文外，作者还写有《云林秘阁》三首，其二云：

清闷倪迂在，云林浪得名。
鼎彝贡使拜，洟唾主人熏。
石卧苍霞老，蔓横空翠生。
琅嬛真福地，南面有书城。

不二斋①

不二斋，高梧三丈，翠樾千重，墙西稍空，蜡梅补之，但有绿天，暑气不到。后窗墙高于槛，方竹数竿，潇潇洒洒，郑子昭“满耳秋声”横披一幅。天光下射，望空视之，晶沁如玻璃②、云母，坐者恒在清凉世界。图书四壁，充栋连床；鼎彝尊罍[③]，不移而具。余于左设石床竹几，帷之纱幕，以障蚊虻。绿暗侵纱，照面成碧。夏日，建兰[④]、茉莉，芗泽浸人[⑤]，沁入衣裾。重阳前后[⑥]，移菊北窗下，菊盆五层，高下列之，颜色空明，天光晶映，如沉秋水。冬则梧叶落，蜡梅开，暖日晒窗，红炉毾㲪[⑦]。以昆山石种水仙，列阶趾。春时，四壁下皆山兰，槛前芍药半亩，多有异本。余解衣盘礴[⑧]，寒暑未尝轻出，思之如在隔世。

【注释】

①不二斋：为作者曾祖父张元忭所建。祁彪佳《越中园亭记》有如下记载："张文恭于居第旁，有楼三楹为讲学地，其家曾孙宗之更新之，建云林秘阁于后。宗之嗜古，擅诗文，多蓄奇书文玩之具，皆极精好，洵惟懒瓒清秘，足以拟之。"

②玻璃：指天然水晶石之类的物质，有各种颜色。

③罍（léi）：盛物的器具。

④建兰：俗称雄兰、骏河兰、剑蕙等，兰花的一个品种，花香浓郁。具有很高的观赏价值。

⑤芗泽：同"香泽"，香气。

⑥重阳：重阳节，每年农历的九月初九。

⑦毾㲪（tà dēng）：毛毯。

⑧盘礴：伸开腿坐，无拘无束的样子。

【简评】

生活在如此幽雅的庭院里，自然不会轻出。可惜太短暂了，到作者落笔时，已有隔世之叹。

砂罐锡注[①]

宜兴罐[②]，以龚春为上[③]，时大彬次之，陈用卿又次之。锡注，以王元吉为上，归懋德次之[④]。夫砂罐，砂也；锡注，锡也。器方脱手，而一罐一注价五六金，则是砂与锡与价，其轻重正相等焉，岂非怪事。然一砂罐、一锡注，直跻之商彝、周鼎之列而毫无惭色[⑤]，则是其品地也。

【注释】

①砂罐：一种陶质器皿。锡注：一种锡做的酒壶。

②宜兴：今江苏宜兴。

③龚春：供春，明正德、嘉靖间人。原为吴颐山家僮，以制陶名于世。作者在《夜航船》一书亦有介绍："无锡瓷壶：以龚春为上，时大彬次之，甚规格大略粗蠢，细泥精巧，皆是后人所溷。"

④王元吉：或为黄元吉，见张岱《夜航船》："嘉兴锡壶：所制精工，以黄元吉为上，归懋德次之。初年价钱极贵，后渐轻微。"

⑤商彝、周鼎：商周时期的青铜礼器。彝、鼎：古代祭祀所用的鼎、尊等礼器。这里泛指珍贵的古董。

【简评】

作者写有《龚春壶为诸仲轼作》一诗，可与本文对读，兹引如下："仲轼龚春壶，两世精神在。非泥亦非沙，所结但光怪。应有神主之，兵火不能坏。质地一瓦缶，何以配鼎鼐。跻之三代前，意色略不愧。当日示荆溪，仆仆必下拜。"

沈梅冈[1]

沈梅冈先生忤相嵩[2]，在狱十八年。读书之暇，旁攻匠艺，无斧锯，以片铁日夕磨之，遂铦利[3]。得香楠尺许，琢为文具一，大匣三、小匣七、壁锁二，棕竹数片为箑一[4]，为骨十八，以笋、以缝、以键，坚密肉好，巧匠谢不能事。

夫人丐先文恭志公墓[5]，持以为贽[6]。文恭拜受之，铭其匣曰："十九年，中郎节[7]；十八年，给谏匣，节邪匣邪同一辙。"铭其箑曰："塞外毡，饥可餐[8]；狱中箑，尘莫干，前苏后沈名班班"[9]。梅冈制，文恭铭，徐文长书[10]，张应尧镌[11]，人称四绝，余珍藏之。

又闻其以粥炼土，凡数年，范为铜鼓者二，声闻里许，胜暹罗铜[12]。

【注释】

①沈梅冈：沈束（1514—1581），字宗安，号梅冈，会稽（今浙江绍兴）人。嘉靖二十三年（1544）进士，历任徽州推官、礼科给事中等。嘉靖二十八年（1549）因得罪严嵩被下狱，时间长达十八年。

②相嵩：严嵩（1480—1567），字惟中，号介溪，江西分宜人，弘治十八年（1505）进士，历任翰林院庶吉士、吏部右侍郎，吏部尚书、礼部尚书、武英殿大学士，曾任首辅，把持朝政多年。

③铦（xiān）利：锋利。

④箑（shà）：扇子。

⑤夫人：沈束的妻子张氏。丐：请求。文恭：张元忭（1535—1558），字子荩，号阳和，山阴（今浙江绍兴）人。隆庆五年（1571）

状元，历任翰林院撰修、左谕德、直经筵。谥文恭。著有《不二斋文选》《绍兴府志》《云门志略》等。他是作者的曾祖父。

⑥贽：见面礼。

⑦十九年，中郎节：西汉时苏武以中郎将身份出使匈奴十九年，手持汉节，不忘汉朝。单于逼他投降，将其关入地窖，断绝饮食。苏武啖毡饮雪，始终没有变节。

⑧塞外毡，饥可餐：指苏武被断绝饮食，啖毡饮雪事。

⑨前苏后沈：苏指苏武，沈即沈梅冈。

⑩徐文长：徐渭（1521—1593），字文清，后改字文长，别号青藤、天池、田水月等，山阴（今浙江绍兴）人。曾帮助总督胡宗宪筹划军机。著有《徐文长全集》《徐文长佚草》《四声猿》《南词叙录》等。作者年轻时曾搜辑徐渭遗稿，成《徐文长逸稿》。

⑪张应尧：主要生活在明末清初，嘉定（今上海）人。以刻竹而闻名。

⑫暹（xiān）罗：对泰国的旧称。

【简评】

十八年的囹圄生涯竟然成就了一位工艺大师，这正应了一句俗语：监狱是最好的学校。苦难对不同的人来说，有着不同的意义。

岣嵝山房[1]

岣嵝山房，逼山、逼溪、逼韬光路，故无径不梁，无屋不阁。门外苍松傲睨，蓊以杂木，冷绿万顷，人面俱失。石桥低磴，可坐十人。寺僧刳竹引泉[2]，桥下交交牙牙，皆为竹邮。天启甲子[3]，余键户其中者七阅月[4]，耳饱溪声，目饱清樾。山上下，多西栗、边笋，甘芳无比。邻人以山房为市，蓏果、羽族日致之[5]，而独无鱼。乃潴溪为壑[6]，系巨鱼数十头[7]。有客至，辄取鱼给鲜。日晡，必步冷泉亭[8]、包园[9]、飞来峰[10]。

一日，缘溪走看佛像，口口骂杨髡[11]。见一波斯坐龙象[12]，蛮女四五献花果[13]，皆裸形，勒石志之，乃真伽像也。余椎落其首，并碎诸蛮女，置溺溲处以报之。寺僧以余为椎佛也，咄咄作怪事，及知为杨髡，皆欢喜赞叹。

【注释】

①岣嵝山房：作者在《西湖梦寻》一书中有介绍："李茇号岣嵝，武林人，住灵隐韬光山下。造山房数楹，尽驾回溪绝壑之上。溪声淙淙出阁下，高厓插天，古木蓊蔚，大有幽致。山人居此，孑然一身。好诗，与天池徐渭友善。客至，则呼童驾小舫，荡桨于西泠断桥之间，笑咏竟日。以山石自磦生圹，死即埋之。所著有《岣嵝山人诗集》四卷。天启甲子，余与赵介臣、陈章侯、颜叙伯、卓珂月、余弟平子读书其中。主僧自超，园蔬山蔌，淡薄凄清。但恨名利之心未净，未免唐突山灵，至今犹有愧色。"岣嵝（gǒu lǒu）：山巅。

②刳（kū）：劈。

③天启甲子：即天启四年（1624）。

④键户：闭门不出。键：门闩，户：门。七阅月：过了七个月。阅：经过。

⑤蓏（luǒ）瓜果。羽族：禽类。

⑥潴（zhū）溪为壑：拦溪蓄水，让它成为水坑。

⑦系：这里是放养的意思。

⑧冷泉亭：在飞来峰下，因下临冷泉而得名。

⑨包园：包涵所所建的园亭。

⑩飞来峰：又名灵鹫峰，在杭州西湖西北灵隐寺前。东晋僧人慧理云此山系中天竺国灵鹫山之小岭，不知何年飞来，故名。作者在《夜航

船》一书中亦有介绍："飞来峰：在杭州虎林山之前。晋时西僧叹曰：'此是天竺国灵鹫山之小岭，不知何日飞来？'因名之飞来峰。"

⑪杨髡（kūn）：杨琏真加，元代西藏僧人。曾任释教总统。至元二十九年（1292），他与其他僧人勾结，大量盗挖宋代帝王、诸侯的寝陵。作者在《西湖梦寻》卷二《飞来峰》中有详细介绍，可参看。

⑫波斯：泛称来自中亚地区的人。

⑬蛮女：胡女。

【简评】

不知杨髡所塑佛像，今尚有残存否？

三世藏书

余家三世积书三万余卷。大父诏余曰："诸孙中惟尔好书，尔要看者，随意携去。"余简太仆[①]、文恭、大父丹铅所及，有手泽者存焉，汇以请，大父喜，命舁去，约二千余卷。崇正乙丑[②]，大父去世，余适往武林，父叔及诸弟、门客、匠指、臧获[③]、巢婢辈乱取之，三代遗书，一日尽失。

余自垂髫聚书四十年[④]，不下二万卷。乙酉避兵入剡[⑤]，略携数簏随行，而所存者，为方兵所据，日裂以吹烟，并舁至江干，籍甲内，挡箭弹，四十年所积，亦一日尽失。此吾家书运，亦复谁尤。

余因叹古今藏书之富，无过隋、唐。隋嘉则殿分三品，有红琉璃、绀琉璃、漆轴之异。殿垂锦幔，绕刻飞仙。帝幸书室，践暗机[⑥]，则飞仙收幔而上，橱扉自启；帝出，闭如初。隋之书计三十七万卷。唐迁内库书于东宫丽正殿，置修文、著作两院学士，得通籍出入[⑦]。太府月给蜀都麻纸五千番[⑧]，季给上谷墨三百三十六丸，岁给河间、景城、清河、博平四郡兔千五百皮为笔，以甲、乙、丙、丁为次[⑨]。唐之书计二十万八千卷。我明中秘书不可胜计，即《永乐大典》一书[⑩]，亦堆积数库焉。余书直九牛一毛耳[⑪]，何足数哉。

【注释】

①简：挑选。太仆：张天复（1513—1574），字复亨，号内山。嘉靖二十六年（1547）进士。历任礼部主事、云南按察司副使、甘肃道行太仆卿。他是作者的高祖。

②崇正乙丑：崇正即崇祯，因避“祯”字，改其为“正”。崇祯间没有乙丑年，结合此年“大父去世”一语，当为天启乙丑，即天启五年（1625）。

③臧获：奴婢。作者在《夜航船》一书中有解释：“臧获：海岱之间骂奴曰臧，骂婢曰获。盖古无奴婢，犯事者被臧，没入官为奴；妇女逃亡，获得者为婢。”

④垂髫：孩童、童年。

⑤剡（shàn）：剡溪，在今浙江嵊县。

⑥暗机：隐藏的机关。

⑦通籍：古代出入宫时将写有姓名、年龄、身份的竹片挂在门外，以备核对。作者《夜航船》一书亦有解释：“通籍：举子登科后，禁门中皆有名籍，可恣意出入也。”

⑧太府：官名，掌管国家钱谷财货。

⑨以甲、乙、丙、丁为次：作者《夜航船》：“四部：唐《经籍志》：玄宗两都各聚书四部，以甲、乙、丙、丁为号；甲，经部，赤牙签；乙，史部，绿牙签；丙，子部，碧牙签；丁，集部，白牙签。”

⑩《永乐大典》：明成祖时期解缙等人所编辑的一部大型类书，共二万二千八百七十七卷，收录古代典籍七八千种。正本约毁于明亡之际。

副本至清咸丰时逐渐散失。1900年，八国联军攻入北京，副本遭到焚毁和抢掠。现存已征集到残卷七百九十五卷，不过是原书的一个零头。

⑪直：只不过。九牛一毛：比喻渺小轻微，不值一提。

【简评】

本文最后一段为作者《石匮书》卷三十七《艺文志总论》的一部分。从个人藏书之失联想到历代藏书之变迁，言语之间流露出沧桑之叹。

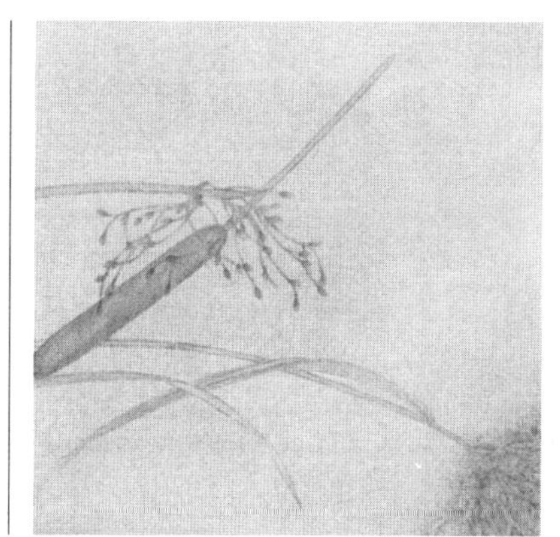

卷三

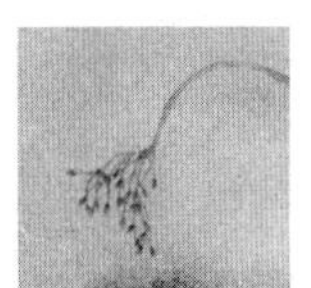

丝 社

越中琴客不满五六人，经年不事操缦[①]，琴安得佳？余结丝社，月必三会之。有小檄曰：

“中郎音癖，《清溪弄》三载乃成[②]；贺令神交，《广陵散》千年不绝[③]。器由神以合道，人易学而难精。幸生岩壑之乡[④]，共志丝桐之雅[⑤]。清泉磐石，援琴歌《水仙》之操[⑥]，便足怡情；涧响松风，三者皆自然之声，正须类聚。偕我同志，爰立琴盟，约有常期，宁虚芳日。杂丝和竹，用以鼓吹清音；动操鸣弦，自令众山皆响。非关匣里，不在指头[⑦]，东坡老方是解人[⑧]；但识琴中，无劳弦上[⑨]，元亮辈正堪佳侣[⑩]。既调商角[⑪]，翻信肉不如丝[⑫]；谐畅风神，雅羡心生于手。从容秘玩，莫令解秽于花奴[⑬]；抑按盘桓，敢谓倦生于古乐。共怜同调之友声，用振丝坛之盛举。”

【注释】

①操缦：调弄琴弦。

②“中郎音癖”句：典出《太平御览》：“蔡邕，字伯喈，陈留人。性沉审，志好琴道，以嘉平元年入清溪访鬼谷先生所居。山五曲，曲有幽居灵迹。每一曲制一弄，三年曲成。出呈马融、王元、董卓等，异之。”中郎：蔡邕（133—192），字伯喈，陈留（今河南省开封）人。因曾任左中郎将，故称“蔡中郎”。

③“贺令神交”句：典出《幽明录》：“会稽贺思令善弹琴，尝夜在月中坐，临风抚奏。忽有一人，形器甚伟，著械有惨色，至其中庭，称善，便与共语。自云是嵇中散。谓贺云：‘卿下手极快，但于古法未合。’因授以《广陵散》。贺因得之，于今不绝。”

④岩壑：山峦溪谷。

⑤丝桐：琴。古人削桐为琴，练丝为弦，故有此称。

⑥《水仙》之操：《水仙操》，古琴名曲。据说为伯牙所作。

⑦“非关匣里”句：语出苏轼《琴诗》：“若言琴上有琴声，放在匣中何不鸣？若言声在指头上，何不于君指上听？”

⑧东坡老：苏轼（1037—1101），字子瞻，号东坡居士，眉山（今属四川）人。嘉祐进士，曾任祠部员外郎、杭州通判、翰林学士、礼部尚书等。与父亲苏洵、弟弟苏辙，合称“三苏”，是唐宋八大家之一。

⑨“但识琴中”句：语出《晋书》卷九十四《隐逸传》：“陶潜性不解音，而畜素琴一张，弦徽不具，每朋酒之会，则抚而和之，曰：‘但识琴中趣，何劳弦上声。’”

⑩元亮：陶渊明（365—427），一名潜，字元亮，柴桑（今江西九江）人。曾做过彭泽令之类的小官，后辞官隐居。

⑪商角：宫、商、角、徵、羽是我国五声音阶中五个不同音的名称，总称五音。商角在这里泛指音乐。

⑫肉不如丝：美妙的歌喉不如乐器演奏悦耳动听。人们通常说丝不如竹，竹不如肉，作者这里是反其意而用之。

⑬解秽于花奴：典出唐南卓《羯鼓录》：“上（唐玄宗）性俊迈，酷不好琴。曾听弹琴，正弄未及毕，叱琴者出，曰：‘待诏出去！’谓内官曰：‘速召花奴，将羯鼓来，为我解秽。’”花奴：汝南王李琎的小名，善击羯鼓。

【简评】

越中一地，琴客竟然不满五六人，作者的丝社想必颇为冷落。这样也好，人多了就不是操琴，而是卖艺了。

南镇祈梦[1]

万历壬子[2]，余年十六，祈梦于南镇梦神之前，因作疏曰：

“爰自混沌谱中[3]，别开天地；华胥国里[4]，早见春秋。梦两楹[5]，梦赤舄[6]，至人不无；梦蕉鹿[7]，梦轩冕[8]，痴人敢说。惟其无想无因，未尝梦乘车入鼠穴，捣齑啖铁杵[9]；非其先知先觉，何以将得位梦棺器，得财梦秽矢[10]。正在恍惚之交，俨若神明之赐。某也躨跜偃潴[11]，轩翥樊笼[12]，顾影自怜，将谁以告？为人所玩，吾何以堪。一鸣惊人，赤壁鹤耶[13]？局促辕下，南柯蚁耶[14]？得时则驾，渭水熊耶[15]？半榻蘧除，漆园蝶耶[16]？神其诏我，或寝或吪；我得先知，何从何去。择此一阳之始[17]，以祈六梦之正[18]。功名志急，欲搔首而问天；祈祷心坚，故举头以抢地。轩辕氏圆梦鼎湖[19]，已知一字而有一验；李卫公上书西岳[20]，可云三问而三不灵。肃此以闻，惟神垂鉴。”

【注释】

①南镇祈梦：绍兴习俗，除夕之夜，民众到南镇殿内夜宿，梦中所占吉凶，据说很是灵验。南镇：会稽山，在今浙江绍兴，因在我国五大镇山中位居南镇，故称。

②万历壬子：万历四十年（1612）。

③混沌谱：据《仙佛奇踪》记载，陈抟在华山修行时，“一日，有客过访，适值其睡。旁有一异人，听其息声，以墨笔记之，满纸糊涂莫辨。客怪而问之。其人曰：‘此先生华胥调、混沌谱也’”。

④华胥国：古代传说中的国家。《列子·黄帝》：“黄帝昼寝而梦游于华胥氏之国。华胥氏之国在弇州之西，台州之北，不知斯齐国几千万

里。盖非舟车足力之所及，神游而忆。”后常以其代称梦境。

⑤梦两楹：典出《礼记·檀弓上》，孔子梦见自己“坐奠于两楹之间”，预感到自己将不久于人世，后“寝疾七日而没”。

⑥赤舄（xì）：古代君王贵族所穿的鞋子。

⑦梦蕉鹿：典出《列子·周穆王》：“郑人有薪于野者，遇骇鹿，御而击之，毙之。恐人见之也，遽而藏诸隍中，覆之以蕉，不胜其喜。俄而遗其所藏之处，遂以为梦焉。”

⑧轩冕：古代大夫所用的车乘和冕服，借指官位爵禄。

⑨“惟其无想无因”句：典出《世说新语》：“卫玠总角时，问乐令‘梦’，乐云‘是想’。卫曰：‘形神所不接而梦，岂是想邪？’乐云：‘因也。未尝梦乘车入鼠穴，捣齑啖铁杵，皆无想无因故也。’”

⑩“何以将得位梦棺器”句：典出《世说新语》：“人有问殷中军：‘何以将得位而梦棺器，将得财而梦失秽？’殷曰：‘官本是臭腐，所以将得而梦棺尸；财本是粪土，所以将得而梦秽污。’时人以为名通。”

⑪躨跜（kuí ní）：踞伏的样子。偃潴（zhū）：泥潭，水洼。

⑫轩翥（zhù）：飞动。

⑬赤壁鹤：典出苏轼《后赤壁赋》：“时夜将半，四顾寂寥。适有孤鹤，横江东来。翅如车轮，玄裳缟衣，戛然长鸣，掠予舟而西也。须臾客去，予亦就睡。梦一道士，羽衣蹁跹，过临皋之下。”

⑭南柯蚁：这里用的是南柯一梦的典故，淳于棼经过一番游历之后，发现自己不过是在蚁穴中，见唐李公佐《南柯太守传》。

⑮渭水熊：典出《史记·齐太公世家》：“西伯将出猎，卜之，曰‘所获非龙非彨，非虎非罴，所获霸王之辅’。于是周西伯猎，果遇太公于渭之阳。”后人由此演绎出周文王梦飞熊得姜尚的故事，详见《封神演义》第二十三回《文王夜梦飞熊兆》。

⑯半榻蘧除，漆园蝶耶：典出《庄子·齐物论》：“昔者庄周梦为胡蝶，栩栩然胡蝶也。自喻适志与，不知周也。俄然觉，则蘧蘧然周也。不知周之梦为胡蝶与，胡蝶之梦为周与？周与胡蝶，则必有分矣。此之

谓物化。”

⑰一阳：冬至，俗语有“冬至一阳生”之说。

⑱六梦：语出《周礼·春官·占梦》：“以日月星辰占六梦之吉凶：一曰正梦，二曰噩梦，三曰思梦，四曰寤梦，五曰喜梦，六曰惧梦。”

⑲轩辕氏圆梦鼎湖：典出《史记·封禅书》：“黄帝采首山铜，铸鼎于荆山下。鼎既成，有龙垂胡珣下迎黄帝。”轩辕氏：黄帝。传说中的上古帝王，因生于轩辕之丘，故称轩辕氏。

⑳李卫公：李靖（571—649），字药师，三原（今陕西三原）人。因曾被封卫国公，世称李卫公。唐初著名将领，善于用兵。李靖撰有《上西岳书》一文，其中有“若三问不对，亦何神之有灵？然后即靖斩大王头，焚其庙，建纵横之略，亦未晚也”之语。

【简评】

不知作者祈得的梦中有无改朝换代的预示、国破家亡的先兆。

禊　泉[①]

惠山泉不渡钱塘[②]，西兴脚子挑水过江[③]，喃喃作怪事。有缙绅先生造大父[④]，饮茗大佳，问曰：“何地水？”大父曰：“惠泉水。”缙绅先生顾其价曰[⑤]：“我家逼近卫前[⑥]，而不知打水吃，切记之。”董日铸先生常曰[⑦]：“浓、热、满三字尽茶理，陆羽《经》可烧也[⑧]。”两先生之言，足见绍兴人之村之朴。

余不能饮潟卤[⑨]，又无力递惠山水。甲寅夏[⑩]，过斑竹庵[⑪]，取水啜之，磷磷有圭角[⑫]，异之。走看其色，如秋月霜空，噀天为白[⑬]；又如轻岚出岫[⑭]，缭松迷石，淡淡欲散。余仓卒见井口有字划，用帚刷之，“禊泉”字出，书法大似右军[⑮]，益异之。试茶，茶香发。新汲少有石腥，宿三日，气方尽。辨禊泉者无他法，取水入口，第挢舌舐腭[16]，过颊即空，若无水可咽者，是为禊泉。好事者信之，汲日至，或取以酿酒，或开禊泉茶馆，或瓮而卖及馈送有司。董方伯守越[17]，饮其水，甘之，恐不给，封锁禊泉，禊泉名日益重。会稽陶溪[18]、萧山北干[19]、杭州虎跑[20]，皆非其伍，惠山差堪伯仲[21]。在蠡城[22]，惠泉亦劳而微热[23]，此方鲜磊，亦胜一筹矣。长年卤莽，水递不至其地，易他水，余笞之，詈同伴[24]，谓发其私。及余辨是某地某井水，方信服。昔人水辨淄、渑，侈为异事。诸水到口，实实易辨，何待易牙[25]？余友赵介臣亦不余信[26]，同事久，别余去，曰："家下水实行口不得，须还我口去。"

【注释】

①禊（xì）：古代于春秋两季在水边举行的一种祭礼。

②惠山泉：位于江苏无锡西惠山山麓，世称天下第二泉。作者《夜航船》一书亦有介绍："惠山泉：在无锡县锡山，旧名九龙山，有泉出石穴。陆羽品之，谓天下第二泉。"

③西兴：古称固陵，今属浙江杭州滨江区。

④缙绅先生：或作搢绅先生，泛称有官职或曾做过官的人。造：到，拜访。

⑤价（jiè）：仆人、随从。

⑥卫前：这位缙绅先生将"惠泉"误听为"卫前"。

⑦董日铸：董懋策，字揆仲，号日铸。作者《有明于越三不朽名贤图赞》载其生平事迹："董日铸懋策，文简公曾孙，精于《易》学，设帐蕺山，四方从游者岁数百人。学舍不足，僦屋以居。其月旦课艺，必糊名《易》《书》。列以等第，时人比之白鹿书院焉。"著有《大易床头私录》《大学大意》《庄子翼评点》《昌谷诗注》等。

⑧陆羽《经》：陆羽（733—804），字鸿渐，一名疾，字季疵，号桑

苎翁，竟陵（今湖北天门）人。对茶有很精深的研究，被后人尊称为茶圣。著有《茶经》，是世界上最早一部研究茶的著作。

⑨潟（xì）卤：原指盐碱过多、无法耕种的土地，这里指咸卤。

⑩甲寅：万历四十二年（1614）。

⑪斑竹庵：长庆寺，在今浙江绍兴，始建于唐代，因系东晋尚书陈嚣竹园，故名竹园寺，俗称斑竹庵。

⑫磷磷：清澈明净的样子。圭角：棱角。

⑬噀（xùn）：喷、吐。

⑭岫（xiù）：山洞，洞穴。

⑮右军：王羲之（303—361），字逸少。琅琊临沂（今山东临沂）人，后移居会稽山阴（今浙江绍兴）。曾任秘书郎、长史、宁远将军、江州刺史、会稽内史，因曾任右军将军，后人称其为王右军。擅长书法，被后人誉为“书圣”。

⑯挢（jiǎo）舌：翘舌。

⑰董方伯：董承诏，武进人。万历三十五年（1609）进士，历官兵部主事、员外郎、郎中、浙江左布政使。方伯：布政使的别称。

⑱陶溪：溪名，在绍兴陶晏岭。

⑲北干：北干山，在今浙江萧山，山下有干泉。

⑳虎跑：虎跑泉，在今浙江杭州西南大慈山虎跑寺，泉水晶莹甘冽，有天下第三泉之称。作者《夜航船》一书亦有介绍：“虎跑泉：在钱塘。唐元和十四年，性空大师栖禅其中，以无水欲去。有二虎跑山出泉甘冽，乃建虎跑寺。观泉者，僧为举梵呗，泉即觱沸而出。”

㉑伯仲：兄弟间长幼秩序，这里引申为相比、差不多之意。

㉒蠡城：春秋时期越国国都，传说为范蠡所建，故称。故址在今浙江绍兴，后以此代指绍兴。

㉓惠泉：在浙江绍兴太平山。

㉔詈（lì）：责骂、训斥。

㉕“昔人水辨淄、渑”句：典出《淮南子·道应训》：“白公问于孔

子曰：……‘若以水投水，何如?’孔子曰：‘淄、渑之水合，易牙尝而知之。’”易牙：春秋时期齐桓公的宠臣，擅长烹调。

㉖赵介臣：生平事迹不详。作者《快园道古》一书载其一段逸事：“赵介臣为清朝教官，其友孟子塞致书责之，谓：‘吾辈明伦，正在今日，尔奈何为教官，且坐明伦堂上?’介臣愧不能答。两年后，子塞亦贡，亦为教官，晤介臣，介臣曰：‘天下学官制度不一，岂贵庠没有明伦堂耶?’”

【简评】

作者可谓知水者，其品水水平令人叹绝。

兰雪茶

日铸者[①]，越王铸剑地也[②]。茶味棱棱[③]，有金石之气。欧阳永叔曰[④]：“两浙之茶，日铸第一。”[⑤]王龟龄曰[⑥]：“龙山瑞草，日铸雪芽。”[⑦]日铸名起此。京师茶客，有茶则至，意不在雪芽也，而雪芽利之，一如京茶式，不敢独异。

三娥叔知松萝焙法[⑧]，取瑞草试之，香扑冽。余曰：“瑞草固佳，汉武帝食露盘[⑨]，无补多欲；日铸茶薮，‘牛虽瘠，偾于豚上’也[⑩]。”遂募歙人入日铸[⑪]。扚法[⑫]、掐法、挪法、撒法、扇法、炒法、焙法、藏法，一如松萝。他泉瀹之，香气不出，煮禊泉，投以小罐，则香太浓郁。杂入茉莉，再三较量，用敞口瓷瓯淡放之，候其冷；以旋滚汤冲泻之，色如竹箨方解，绿粉初匀；又如山窗初曙，透纸黎光。取清妃白，倾向素瓷，真如百茎素兰同雪涛并泻也。雪芽得其色矣，未得其气，余戏呼之“兰雪”。

四五年后，“兰雪茶”一哄如市焉。越之好事者不食松萝，止食兰雪[13]。兰雪则食，以松萝而纂兰雪者亦食，盖松萝贬声价俯就兰雪，从俗也。乃近日徽歙间松萝亦名兰雪，向以松萝名者，封面系换，则又奇矣。

【注释】

①日铸：山名，在今浙江绍兴东南。以产茶著称，所产之茶以“日铸”为名，又称“日注茶”“日铸雪芽”。

②越王：勾践（前497—前465），春秋时期越国的国君。

③棱棱：寒冷，严寒。这些形容茶叶的味道有金石之气。

④欧阳永叔：欧阳修（1007—1072），字永叔，号醉翁、六一居士，吉水（今属江西）人。天圣进士，历任翰林学士、枢密副使、参知政事。北宋古文运动领袖，唐宋八大家之一。著有《新五代史》《欧阳文忠公文集》等。

⑤两浙之茶，日铸第一：语出欧阳修《归田录》：“草茶盛于两浙，两浙之品，日注为第一。”日注即日铸。

⑥王龟龄：王十朋（1112—1171），字龟龄，号梅溪，乐清（今属浙江）人。南宋绍兴二十七年（1157）状元，官至龙图阁学士。著有《王梅溪先生全集》等。

⑦龙山瑞草，日铸雪芽：语出王十朋《会稽风俗赋》：“日铸雪芽，卧龙瑞草。”

⑧三娥：当为“三峨”，即张炳芳，字尔含，号三峨，作者张岱的三叔。松萝：松萝茶，产于安徽休宁县松萝山。

⑨汉武帝：刘彻（前157—前87），幼名刘彘，西汉第五位皇帝。公元前120年至前87年在位。露盘：承露盘，汉武帝建于建章宫。

⑩牛虽瘠，偾（fèn）于豚上：语出《左传·昭公十三年》：“牛虽瘠，偾于豚上，其畏不死？”原意为瘦弱的牛倒在小猪身上，小猪必定被压死。强国虽然德衰，但如果攻打弱国的话，弱国也必定会被灭掉。

⑪歙（shè）：今安徽歙县。

⑫扚（lì）：按、压。

⑬止：只、仅。

【简评】

从茶中能品出金石之气，茶艺之精，让人叹为观止。

白洋潮[①]

故事[②]，三江看潮[③]，实无潮看。午后喧传曰："今年暗涨潮。"岁岁如之。戊寅八月[④]，吊朱恒岳少师[⑤]，至白洋，陈章侯[⑥]、祁世培同席。海塘上呼看潮，余遄往[⑦]，章侯、世培踵至。立塘上，见潮头一线，从海宁而来[⑧]，直奔塘上。稍近，则隐隐露白，如驱千百群小鹅，擘翼惊飞[⑨]。渐近，喷沫，冰花蹴起，如百万雪狮蔽江而下，怒雷鞭之，万首镞镞[⑩]，无敢后先。再近，则飓风逼之，势欲拍岸而上。看者辟易[⑪]，走避塘下。潮到塘，尽力一礴，水击射，溅起数丈，着面皆湿。旋卷而右，龟山一挡[⑫]，轰怒非常，炮碎龙湫，半空雪舞。看之惊眩，坐半日，颜始定。先辈言：浙江潮头自龛、赭两山漱激而起[⑬]。白洋在两山外，潮头更大，何耶？

【注释】

①白洋：白洋镇，在今浙江绍兴西北。

②故事：先例、惯例。

③三江：三江口，在绍兴西北，为钱清江、钱塘江、曹娥江交汇处。

④戊寅：即崇祯十一年（1638）。

⑤朱恒岳：朱燮元（1566—1638），字懋和，号恒岳，浙江绍兴人。万历二十年（1592）进士，历任大理评事、四川左布政使、兵部尚书。朱燮元去世后，作者写有《祭少师朱恒岳公文》。

⑥陈章侯：陈洪绶（1598—1652），字章侯，号老莲，诸暨（今浙江诸暨）人。明代著名画家，代表作有《水浒叶子》等。作者与其往来密切，称其为“字画知己”，另参见本书卷三《陈章侯》。

⑦遄：快速，迅速。

⑧海宁：今浙江海宁，南临杭州湾。

⑨擘（bò）：张开，分开。

⑩镞镞（zú）：迅捷的样子。

⑪辟易：后退，倒退。

⑫龟山：又名白洋山、乌凤山，在绍兴西北。

⑬龛（kān）、赭（zhě）：龛山在今浙江萧山，赭山在今浙江海宁。

【简评】

作者另有《白洋看潮》一诗，写得同样精彩，兹引如下：

潮来自海宁，水起刚一抹。摇曳数里长，但见天地阔。阴阒闻龙腥，群狮蒙雪走。鞭策迅雷中，万首敢先后？钱镠劲弩围，山奔海亦立。疾如划电驱，怒若暴雨急。铁杵捣冰山，杵落碎成屑。聚然先怪在，沐日复浴月。劫火烧昆仑，银河水倾决。观其冲激威，环宇当覆灭。用力扑海塘，势大难抵止。寒栗不自持，海塘薄于纸。一扑即回头，龟山挡其辙。共工触不周，崩轰天柱折。世上无女娲，谁补东南缺？潮后吼赤泥，应是玄黄血。从此上小亹，赭龛噀两颊。江神驾白螭，横扫峨嵋雪。

阳和泉

禊泉出城中，水递者日至[1]。臧获到庵借炊，索薪、索菜、索米，后索酒、索肉；无酒肉，辄挥老拳。僧苦之。无计脱此苦，乃罪泉，投之刍秽[2]。不已，乃决沟水败泉，泉大坏。张子知之[3]，至禊井，命长年浚之[4]。及半，见竹管积其下，皆黧胀作气[5]；竹尽，见刍秽，又作奇臭。张子淘洗数次，俟泉至，泉实不坏，又甘洌。张子去，僧又坏之。不旋踵，至再、至三，卒不能救，禊泉竟坏矣。是时，食之而知其坏者半，食之不知其坏而仍食之者半，食之知其坏而无泉可食、不得已而仍食之者半。

壬申[6]，有称阳和岭玉带泉者[7]，张子试之，空灵不及禊而清洌过之。特以玉带名不雅驯。张子谓阳和岭实为余家祖墓，诞生我文恭，遗风余烈，与山水俱长。昔孤山泉出[8]，东坡名之"六一"[9]，今此泉名之"阳和"，至当不易。

盖生岭、生泉，俱在生文恭之前，不待文恭而天固已阳和之矣，夫复何疑！土人有好事者，恐玉带失其姓，遂勒石署之。且曰："自张志'禊泉'而'禊泉'为张氏有，今琶山是其祖垄，擅之益易。立石署之，惧其夺也。"时有传其语者，阳和泉之名益著。

铭曰："有山如砺，有泉如砥；太史遗烈，落落磊磊。孤屿溢流，六一擅之。千年巴蜀，实繁其齿；但言眉山[10]，自属苏氏。"

【注释】

①水递者：打水的人。

②刍秽：刍藁，干草。

③张子：作者的自称。

④浚：疏通。

⑤黧（lí）胀：颜色发黑，东西腐烂。

⑥壬申：崇祯五年（1632）。

⑦阳和岭：在今浙江绍兴城南。

⑧孤山：在杭州西湖西北角。

⑨东坡：苏轼，自号东坡居士。六一：六一泉，在杭州西湖孤山南麓。作者在《西湖梦寻》卷三《六一泉》条有详细介绍，兹引如下："六一泉在孤山之南，一名竹阁，一名勤公讲堂。宋元祐六年，东坡先生与惠勤上人同哭欧阳公处也。勤上人讲堂初构，掘地得泉，东坡为作泉铭。以两人皆列欧公门下，此泉方出，适哭公讣，名以六一，犹见公也。其徒作石屋覆泉，且刻铭其上。南渡高宗为康王时，常使金，夜行，见四巨人执殳前驱。登位后，问方士，乃言紫薇垣有四大将，曰：天蓬、天猷、翊圣、真武。帝思报之，遂废竹阁，改延祥观，以祀四巨人。至元初，世祖又废观为帝师祠。泉没于二氏之居二百余年。元季兵火，泉眼复见，但石屋已圮，而泉铭亦为邻僧舁去。洪武初，有僧名行升者，锄荒涤垢，图复旧观。仍树石屋，且求泉铭，复于故处。乃欲建祠堂，以奉祀东坡、勤上人，以参寥故事，力有未逮。"

⑩眉山：苏轼为四川眉山人。

【简评】

一个和尚挑水喝，两个和尚抬水喝，三个和尚没水喝。一群和尚……

闵老子茶

周墨农向余道闵汶水茶不置口。戊寅九月①，至留都②，抵岸，即访闵汶水于桃叶渡③。日晡，汶水他出，迟其归，乃婆娑一老。方叙话，遽起曰："杖忘某所。"又去。余曰："今日岂可空去？"迟之又久，汶水返，更定矣。睨余曰④："客尚在耶？客在奚为者？"余曰："慕汶老久，今日不畅饮汶老茶，决不去。"

汶水喜，自起当炉。茶旋煮，速如风雨。导至一室，明窗净几，荆溪壶⑤、成宣窑磁瓯十余种⑥，皆精绝。灯下视茶色，与磁瓯无别，而香气逼人，余叫绝。余问汶水曰：“此茶何产？”汶水曰：“阆苑茶也。”余再啜之，曰：“莫给余[⑦]，是阆苑制法，而味不似。”汶水匿笑曰：“客知是何产？”余再啜之，曰：“何其似罗岕甚也[⑧]？”汶水吐舌曰：“奇，奇。”余问：“水何水？”曰：“惠泉。”余又曰：“莫给余，惠泉走千里，水劳而圭角不动，何也？”汶水曰：“不复敢隐。其取惠水，必淘井，静夜候新泉至，旋汲之。山石磊磊藉瓮底，舟非风则勿行，放水之生磊，即寻常惠水，犹逊一头地，况他水耶。”又吐舌曰：“奇，奇。”言未毕，汶水去。少顷，持一壶满斟余曰：“客啜此。”余曰：“香扑烈，味甚浑厚，此春茶耶？向瀹者的是秋采[⑨]。”汶水大笑曰：“予年七十，精赏鉴者，无客比。”遂定交。

【注释】

①戊寅：崇祯十一年（1638）。

②留都：古代王朝迁都之后，仍在旧都置官留守，故称留都。明迁都北京后，以南京为留都。

③桃叶渡：在今江苏南京十里秦淮与古青溪水道合流处附近，传说王献之经常在此迎送爱妾桃叶，故名，为金陵四十八景之一。作者在《夜航船》一书亦讲到此典故：“桃叶：晋王献之爱妾名桃叶，尝渡秦淮口，献之作歌送之。今名曰桃叶渡。献之有歌曰：‘桃叶复桃叶，渡江不用楫。但渡无所苦，我自来迎接。’”

④睨（nì）：看。

⑤荆溪：宜兴，又称阳羡，在今江苏宜兴。因境内有河荆溪，故名。

⑥成宣窑：成窑、宣窑，明代瓷器。成窑指明成化年间官窑烧制的一种瓷器，以小件和五彩者最为名贵。作者《夜航船》一书亦有介绍：“成窑：大明成化年所制。有五彩鸡缸、淡青花诸器茶瓯酒杯，俱享重价。”宣窑为宣德窑的省称，指明宣德年间江西景德镇官窑烧制的一种瓷器，选料、制样、画器、题款，皆很精良。作者《夜航船》一书亦有介

绍："宣窑：大明宣德年制。青花纯白，俱踞绝顶，有鸡皮纹可辨。醮坛茶杯，有值一两一只者，有酒字枣汤、姜汤等类者稍贱。"

⑦绐（dài）：骗。

⑧罗岕：罗岕山，在浙江长兴、江苏宜兴交界处，所产之茶品质优良，人称阳羡茶。

⑨的：的确，确实。

【简评】

张岱《茶史序》一文内容与本文大体相同，并云"因出余《茶史》细细论定，剟之以授好事者，使世知茶理之微如此，人毋得浪言茶哉也"。不知这部令人神往的《茶史》如今尚在人世间否？

龙喷池

卧龙骧首于耶溪[①]，大池百仞，出其颔下。六十年内，陵谷迁徙[②]，水道分裂。崇祯己卯[③]，余请太守檄，捐金纠众[④]，畚锸千人[⑤]，毁屋三十余间，开土壤二十余亩，辟除瓦砾刍秽千有余艘，伏道蜿蜒，偃潴澄靛[⑥]，克还旧观。昔之日不通线道者，今可肆行舟楫矣。喜而铭之，铭曰：

"蹴醒骊龙，如寐斯揭；不避逆鳞，抉其鲠噎[⑦]。潴蓄澄泓，煦湿濡沫[⑧]。夜静水寒，颔珠如月。风雷逼之，扬鬐鼓鬣[⑨]。"

【注释】

①卧龙：卧龙山。骧（xiāng）：高举、高昂。耶溪：若耶溪，今名平水江，在今浙江绍兴境内。

②陵谷：丘陵、山谷。

③崇祯己卯：即崇祯十二年（1639）。

④纠（tǒu）：纠，召集，集合。

⑤畚锸（běn chā）：泛指挖运泥土的用具。畚是盛土的用具，锸是挖土的用具。

⑥澄靛（diàn）：使浑水变得清澈。

⑦不避逆鳞，抉其鲠噎：民间传说，龙的喉下有径尺逆鳞，有触犯逆鳞者，会被杀死。这里指疏通水道。鲠噎：喉咙，食管。

⑧煦湿濡沫：典出《庄子·大宗师》："泉涸，鱼相与处于陆，相呴以湿，相濡以沫，不如相忘于江湖。"

⑨鬐（qí）、鬣（liè）：指龙颈及颔旁的鬃毛。

【简评】

遇到作者这样的有心人可谓龙喷池之幸。

朱文懿家桂[1]

桂以香山名[2]，然覆墓木耳，北邙萧然[3]，不堪久立。单醪河钱氏二桂[4]，老而秃。独朱文懿公宅后一桂[5]，干大如斗，枝叶[illegible]鬖[6]，樾荫亩许，下可坐客三四十席。不亭、不屋、不台、不栏、不砌，弃之篱落间。花时不许人入看，而主人亦禁足勿之往，听其自开自谢已耳。樗栎以不材终其天年[7]，其得力全在弃也。百岁老人多出蓬户[8]，子孙第厌其癃瘇耳[9]，何足称瑞。

【注释】

①朱文懿：朱赓（1535—1608），字少钦，号金庭，浙江绍兴人。隆庆二年（1568）进士，历任礼部左、右侍郎。死后赠太保，谥文懿。著有《经筵奏疏》《朱文懿文集》。他是张岱祖父张汝霖的岳父。

②香山：在绍兴鹿池山东。

③北邙：山名，在今河南洛阳，东汉、魏晋时期的王侯公卿多葬于此，后借以指墓地或坟墓。

④单醪河：即箪醪河，又名投醪河、劳师泽，在绍兴城内。作者《夜航船》一书中亦有介绍："箪醪河：在绍兴府治南。勾践行师日，有献壶浆者，跪而受之，取覆上流水中，命士卒乘流而饮。人百其勇，一战遂有吴国，因以名之。"

⑤朱文懿公宅后一桂：据祁彪佳《越中园亭记》记载："秋水园：在朱文懿公居第后，凿池园中。……旁有桂树，大数围，荫一亩余。"

⑥𥆧𩮋（míng méng）：枝叶茂密的样子。

⑦樗栎（chū lì）：无用之材。语出《庄子·逍遥游》："吾有大树，人谓之樗，其大本拥肿而不中绳墨，其小枝卷曲而不中规矩，立之涂，匠者不顾。"《庄子·人间世》："匠石之齐，至于曲辕，见栎社树……曰：'散木也，以为舟则沉，以为棺椁则速腐，以为器则速毁，以为门户则液樠，以为柱则蠹。是不材之木也，无所可用。'"

⑧蓬户：用蓬草所编的门户。这里指穷苦人家。

⑨第：但，只。癃瘇（lóng zhǒng）：手脚不灵便。

【简评】

既是写树，也是写人。

逍遥楼[①]

滇茶故不易得，亦未有老其材八十余年者。朱文懿公逍遥楼滇茶，为陈海樵先生手植[②]，扶疏蓊翳[③]，老而愈茂。诸文孙恐其力不胜葩[④]，岁删其萼盈斛[⑤]，然所遗落枝头，犹自燔山熠谷焉。

文懿公，张无垢后身[⑥]。无垢降乩与文懿[⑦]，谈宿世因甚悉，约公某日面晤于逍遥楼。公伫立久之，有老人至，剧谈良久[8]，公殊不为意。但与公言：“柯亭绿竹庵梁上有残经一卷，可了之[9]。”寻别去[10]，公始悟老人为无垢。次日，走绿竹庵，简梁上，有《维摩经》一部[11]，缮写精良，后二卷未竟，盖无垢笔也。公取而续书之，如出一手。先君言乩仙供余家寿芝楼，悬笔挂壁间，有事辄自动，扶下书之，有奇验。娠祈子，病祈药，赐丹诏取某处，立应。先君祈嗣，诏取丹于某簏临川笔内[12]，簏失钥闭久，先君简视之，镄自出觚管中，有金丹一粒，先宜人吞之[13]，即娠余。朱文懿公有姬媵，陈夫人狮子吼[14]，公苦之。祷于仙，求化妒丹。乩书曰：“难，难！丹在公枕内。”取以进夫人，夫人服之，语人曰：“老头子有仙丹，不饷诸婢，而余是饷[15]，尚昵余[16]。”与公相好如初。

【注释】

①逍遥楼：在绍兴龟山下，为朱赓所建。朱赓在《逍遥楼记》一文中这样描绘该楼：“楼凡三楹，与浮屠东西犄角。十里之外，望而见之，环楼皆牖，环牖皆城，环城皆湖，环湖皆山。开牖四顾，则万堞之形，蜿蜒如带，鉴湖八百，错汇于田畴间，如飘练浮镜。”

②陈海樵：陈鹤（？—1560），字鸣野，号海樵，浙江绍兴人。擅长书法、绘画，著有《海樵集》。他是朱赓的岳父。

③蓊翳（wěng yì）：草木茂密的样子。

④力不胜葩：茎干不能承受花朵的压力。

⑤萼：花。

⑥张无垢：张九成（1092—1159），字子韶，号无垢居士，浙江钱塘人。绍兴二年（1132）进士。历任宗正少卿、礼部侍郎兼侍讲、刑部侍郎。著有《横浦先生文集》等。

⑦乩（jī）：一种通过占卜来问吉凶的算命方式。

⑧剧谈：畅谈，长谈。

⑨了：了结，结束。此处指写完。

⑩寻：不久。

⑪《维摩经》：佛教经典，全名为《维摩诘所说经》，又称《维摩诘经》。共三卷十四品。通行本由后秦鸠摩罗什所译。

⑫簏（lù）：用竹子、柳条、藤条等所编的圆形盛物器具。临川笔：语出王勃《滕王阁序》："邺水朱华，光照临川之笔。"临川：谢灵运，曾任临川太守，故称；一说指王羲之，他曾任临川内史。

⑬先宜人：去世的母亲，即作者的母亲陶氏。古代妇女因丈夫或子孙得到封号，称"宜人"。

⑭狮子吼：语出洪迈《容斋三笔》卷三《陈季常》条："陈慥字季常，公弼之子，居于黄州之岐亭，自称'龙丘先生'，又曰'方山子'。好宾客，喜蓄声妓，然其妻柳氏绝凶妒，故东坡有诗云：'龙丘居士亦可怜，谈空说有夜不眠。忽闻河东狮子吼，拄杖落手心茫然。'河东狮子，指柳氏也。""狮子吼"一语源于佛教，有威严之意。因陈慥素喜谈佛，苏轼借此调侃。河东为柳姓郡望，这里指柳氏。后常以河东狮吼来比喻妻子的妒悍。

⑮饷：吃。

⑯昵：亲爱，亲近。

【简评】

出人意料的有趣误读。不管怎样，只要夫妻和好，就算达到目的。正所谓功夫在药外。

天镜园[1]

天镜园浴凫堂，高槐深竹，樾暗千层，坐对兰荡，一泓漾之，水木明瑟，鱼鸟藻荇，类若乘空。余读书其中，扑面临头，受用一绿，幽窗开卷，字俱碧鲜[2]。

每岁春老[3]，破塘笋必道此[4]。轻舠飞出，牙人择顶大笋一株掷水面[5]，呼园人曰："捞笋!"鼓枻飞去[6]。园丁划小舟拾之，形如象牙，白如雪，嫩如花藕，甜如蔗霜。煮食之无可名言，但有惭愧。

【注释】

①天镜园：作者祖父张汝霖读书之所，据张岱《家传》记载，妻子去世后，张汝霖"乃尽遣姬侍，独居天镜园，拥书万卷，日事䌷绎"。祁彪佳《越中园亭记》对天镜园有颇为详细的描绘："出南门里许为兰荡，水天一碧，游人乘小艇过之，得天镜园。园之胜以水，而不尽于水也。远山入座，奇石当门，为堂为亭，为台为沼，每转一境界，则自有丘壑。斗胜簇奇，游人往往迷所入。其后五泄君新构南楼，尤为畅绝。越中诸园，推此为冠。"

②碧鲜：青翠鲜润的颜色。

③春老：暮春时节。

④破塘：在绍兴西，以产笋而闻名。

⑤牙人：撮合买卖，获取佣金的中间人，这里指商贩。

⑥枻（yì）：船桨。

【简评】

张汝霖的好友黄汝亨曾这样评价天镜园："此中未许尘客到，徙倚沧浪唱独醒。"（《天镜园作》）看来不是谁都可以到此游览的。

包涵所[1]

西湖之船有楼，实包副使涵所创为之。大小三号：头号置歌筵，储歌童；次载书画；再次偫美人[2]。涵老以声妓非侍妾比[3]，仿石季伦、宋子京家法[4]，都令见客。常靓妆走马，媻姗勃窣[5]，穿柳过之，以为笑乐。明槛绮疏[6]，曼讴其下[7]，擫籥弹筝[8]，声如莺试[9]。客至则歌童演剧，队舞鼓吹，无不绝伦。乘兴一出，住必浃旬[10]，观者相逐，问其所止。

南园在雷峰塔下[11]，北园在飞来峰下。两地皆石薮，积牒磊砢[12]，无非奇峭，但亦借作溪涧桥梁，不于山上叠山，大有文理[13]。大厅以拱斗抬梁，偷其中间四柱[14]，队舞狮子甚畅。北园作八卦房，园亭如规[15]，分作八格，形如扇面。当其狭处，横亘一床，帐前后开合，下里帐则床向外，下外帐则床向内。涵老据其中，扃上开明窗，焚香倚枕，则八床面面皆出。穷奢极欲，老于西湖者二十年。金谷、郿坞[16]，着一毫寒俭不得[17]，索性繁华到底，亦杭州人所谓“左右是左右”也[18]。西湖大家，何所不有，西子有时亦贮金屋[19]。咄咄书空[20]，则穷措大耳[21]。

【注释】

①包涵所：包应登，字涵所，钱塘（今浙江杭州）人。万历十四年（1586）进士，曾任福建提学副使。本文与作者《西湖梦寻》卷四《包衙庄》内容全同。

②偫（zhì）：储藏。

③声妓：歌妓、艺妓。

④石季伦：石崇（249—300），字季伦。青州（今山东青州）人，历任修武县令、南中郎将、荆州刺史。家巨富，生活豪奢，多蓄声妓。宋子京：宋祁（998—1061），字子京，雍丘（今河南杞县）人。天圣二年（1024）进士，奏名第一。历任大理寺丞、国子监直讲、史馆修撰、工部尚书等。

⑤媻（pán）姗勃窣（sū）：步履缓慢的样子。语出司马相如《子虚赋》："于是乃相与獠于蕙圃，媻姗勃窣上金堤。"

⑥明槛：轩前的栏杆。

⑦曼讴：轻歌曼舞。

⑧擫籥（yè yuè）：演奏乐器。

⑨莺试：雏莺试啼，优美婉转。

⑩浃旬：一旬，十天。

⑪雷峰塔：在杭州西湖南岸夕照山雷峰上。吴越国王钱俶为其妃黄氏而，故又名"黄妃塔"。作者在《夜航船》一书中亦有介绍："雷峰塔：在钱塘西湖净寺前南屏之支麓也，昔有雷就者居之，故名。上有塔，遭回禄，今存其残塔半株。"另参见其《西湖梦寻》卷四《雷峰塔》。

⑫积牒磊砢（luǒ）：很多石头堆积重叠在一起的样子。

⑬大有文理：颇具匠心。

⑭偷：省去、减去。

⑮规：圆形。

⑯金谷：即金谷园，石崇所修建的豪宅。唐时已荒废，故址在今河南洛阳。郿（méi）坞：东汉时董卓所建，高厚七丈，与长安城相当，号万岁坞，世称"郿坞"。坞中广聚珍宝、粮谷。故址在今陕西眉县。

⑰寒俭：寒酸。

⑱左右是左右：反正就这样，就这么回事。

⑲贮金屋：语出《汉武故事》："武帝为太子时，长公主欲以女配帝，问曰：'得阿娇好否？'帝曰：'若得阿娇，当以金屋贮之。'"

⑳咄咄书空：失意、怀恨的样子。典出《世说新语》："殷中军被

废，在信安，终日恒书空作字。扬州吏民寻义逐之，窃视，唯作‘咄咄怪事’四字而已。”

㉑穷措大：贫穷的读书人，带有贬义。

【简评】

包涵所的生活真是到了穷奢极欲的程度，“索性繁华到底”，且得以善终，这可能不符合有些人的心理期待，似乎这位老兄一定要家道中落、晚年凄凉、忏悔不已才显得有意义。

斗鸡社

天启壬戌间好斗鸡[①]，设斗鸡社于龙山下，仿王勃《斗鸡檄》[②]，檄同社[③]。仲叔、秦一生日携古董、书画、文锦、川扇等物与余博，余鸡屡胜之。仲叔忿懑，金其距，介其羽[④]，凡足以助其腷膊𧴓咮者[⑤]，无遗策。又不胜。人有言徐州武阳侯樊哙子孙[⑥]，斗鸡雄天下，长颈乌喙，能于高桌上啄粟。仲叔心动，密遣使访之，又不得，益忿懑。一日，余阅稗史[⑦]，有言唐玄宗以酉年酉月生，好斗鸡而亡其国。余亦酉年酉月生，遂止。

【注释】

①天启壬戌：即天启二年（1622）。

②王勃：王勃（650—675），字子安，绛州龙门（今山西河津）人。与杨炯、卢照邻、骆宾王并称初唐四杰。有《王子安集》传世。因见诸王在一起斗鸡取乐，戏为《檄英王鸡》文，得罪唐高宗李治，不得重用。

③檄同社：作者写有《斗鸡檄》一文。

④金其距，介其羽：典出《左传·昭公二十五年》：“季、郈之鸡斗，季氏介其鸡，郈氏为之金距。”金：戴上金属套子。距：雄鸡脚掌后

突出的像脚趾的部分。介其羽：给羽毛套上防护器具。

⑤腷膊（bì bó）鞱味（táo zhòu）：振翅鸣叫。

⑥樊哙：樊哙（？—前189），沛县（今江苏沛县）人。西汉开国功臣，被封舞阳侯。

⑦稗史：野史、小说。作者所说当为陈鸿《东城老父传》，其中有“上生于乙酉鸡辰，使人朝服斗鸡，兆乱于太平矣”之语。

【简评】

对于这位整日沉迷于斗鸡和收藏的叔叔，张岱曾发出这样的感叹：“货利嗜欲之中，无吾驻足之地，何必终日劳劳持筹握算也。”（《附传》）

栖 霞

戊寅冬[①]，余携竹兜一、苍头一[②]，游栖霞[③]，三宿之。山上下左右、鳞次而栉比之岩石颇佳，尽刻佛像，与杭州飞来峰同受黥劓[④]，是大可恨事。山顶怪石巉岏[⑤]，灌木苍郁，有颠僧住之。与余谈，荒诞有奇理，惜不得穷诘之。日晡，上摄山顶观霞，非复霞理，余坐石上痴对。复走庵后，看长江帆影，老鹳河、黄天荡[⑥]，条条出麓下，悄然有山河辽廓之感。

一客盘礴余前[⑦]，熟视余，余晋与揖[⑧]，问之，为萧伯玉先生[⑨]。因坐与剧谈，庵僧设茶供。伯玉问及补陀[⑩]，余适以是年朝海归，谈之甚悉。《补陀志》方成[⑪]，在箧底，出示伯玉，伯玉大喜，为余作叙。取火下山，拉与同寓宿，夜长，无不谈之，伯玉强余再留一宿。

【注释】

①戊寅：即崇祯十一年（1638）。

②苍头：年纪较大的仆人。

③栖霞：栖霞山，又名摄山，在今江苏南京东，因南朝时山中建有“栖霞精舍”而得名。有栖霞寺、南朝石刻千佛岩、舍利塔等古迹。

④黥劓（qíng yì）：古代刑罚的名称。黥为墨刑，劓则为割鼻刑。这里指对山石风景的破坏。

⑤巉岏（chán wán）：山石险峻、高耸。

⑥黄天荡：在今南京东北龙潭附近。曾是长江下游的一段港湾，水面辽阔，今已不存。

⑦盘礴（bó）：箕踞而坐，比较随意的样子。

⑧晋：进前，上前。

⑨萧伯玉：萧士玮（1585—1651），字伯玉，江西泰和人。万历四十四年（1616）进士。历任吏部郎中、光禄寺卿。著有《春浮园集》《春浮园别集》等。

⑩补陀：即普陀山，全名补陁落迦山，亦称“补落迦”“补陁”“补陀”等。在今浙江普陀，为佛教四大名山之一。

⑪补陀志：即作者所写《海志》。

【简评】

饱览风景名胜，本来就很开心，再遇到一位谈得来的朋友，更是意外惊喜。作者心情之愉悦，可以想见。

湖心亭看雪[1]

崇祯五年十二月[2]，余住西湖。大雪三日，湖中人鸟声俱绝。是日更定矣[3]，余拏一小舟[4]，拥毳衣炉火[5]，独往湖心亭看雪。雾凇沆砀[6]，天与云、与山、与水，上下一白。湖上影子，惟长堤一痕，湖心亭一点，与余舟一芥，舟中人两三粒而已。

到亭上，有两人铺毡对坐，一童子烧酒，炉正沸。见余大惊喜，曰："湖中焉得更有此人！"拉余同饮。余强饮三大白而别[⑦]。问其姓氏，是金陵人，客此。及下船，舟子喃喃曰[⑧]："莫说相公痴，更有痴似相公者。"

【注释】

①湖心亭：又名湖心寺、清喜阁，位于浙江杭州外西湖中央，小瀛洲北面。因在外西湖中央小岛上，故名。作者《西湖梦寻》卷三《湖心亭》条有详细介绍："湖心亭旧为湖心寺，湖中三塔，此其一也。明弘治间，按察司佥事阴子淑秉宪甚厉。寺僧怙镇守中官，杜门不纳官长。阴廉其奸事，毁之，并去其塔。嘉靖三十一年，太守孙孟寻遗迹，建亭其上。露台亩许，周以石栏，湖山胜概，一览无遗。数年寻圮。万历四年，佥事徐廷祼重建。二十八年，司礼监孙东瀛改为清喜阁，金碧辉煌，规模壮丽，游人望之如海市蜃楼。烟云吞吐，恐滕王阁、岳阳楼俱无甚伟观也。"作者曾为此亭撰写楹联："如月当空，偶以微云点河汉；在人为目，且将秋水剪瞳神。"

②崇祯五年：1632 年。

③更定：初更以后，在晚上八九点左右。更，古代夜间计时单位，一夜分五更，每更约两个小时。

④拏：划动。

⑤毳（cuì）衣：用皮毛做的衣服。

⑥雾凇：又名树挂，雾气凝结在树木枝叶上而形成的一种白色松散冰晶。沆砀：当为"沆砀（hàng dàng）"，烟云弥漫的样子。语出《汉书·礼乐志》："西颢沆砀，秋气肃杀。"

⑦大白：大酒杯。

⑧舟子：船夫。

【简评】

到过西湖的游人很多，但大多在春夏之季。至于冬日西湖雪景之佳，能亲身领略者较少，这一遗憾可以通过阅读本文来弥补。

陈章侯

崇祯己卯八月十三[①]，侍南华老人饮湖舫[②]，先月早归。章侯怅怅向余曰："如此好月，拥被卧耶?"余敦苍头携家酿斗许，呼一小划船再到断桥，章侯独饮，不觉沾醉。过玉莲亭[③]，丁叔潜呼舟北岸，出塘栖蜜桔相饷[④]，畅啖之。章侯方卧船上嚎嚣[⑤]。岸上有女郎，命童子致意云："相公船肯载我女郎至一桥否?"余许之。女郎欣然下，轻纨淡弱，婉瘱可人[⑥]。章侯被酒挑之曰："女郎侠如张一妹，能同虬髯客饮否?"[⑦]女郎欣然就饮。移舟至一桥，漏二下矣，竟倾家酿而去。问其住处，笑而不答。章侯欲蹑之，见其过岳王坟[⑧]，不能追也。

【注释】

①乙卯：崇祯十二年（1639）。

②南华老人：张汝懋，字众之。万历四十一年（1613）进士，历任休宁县令、大理寺丞。他是作者的叔祖。

③玉莲亭：有关该亭情况，作者在《西湖梦寻》卷一《玉莲亭》条言之甚详，兹引如下："白乐天守杭州，政平讼简。贫民有犯法者，于西湖种树几株；富民有赎罪者，令于西湖开葑田数亩。历任多年，湖葑尽拓，树木成荫。乐天每于此地载妓看山，寻花问柳。居民设像祀之。亭临湖岸，多种青莲，以象公之洁白。右折而北，为缆舟亭，楼船鳞集，高柳长堤。游人至此买舫入湖者，喧阗如市。东去为玉凫园，湖水一角，

僻处城阿，舟楫罕到。寓西湖者，欲避嚣杂，莫于此地为宜。园中有楼，倚窗南望，沙际水明，常见浴凫数百出没波心，此景幽绝。"

④塘栖：地名，在杭州城北。

⑤嚎嚣：大声喊叫。

⑥婉瘱（wǎn yì）：温顺娴静。

⑦张一妹、虬髯客：唐杜光庭小说《虬髯客传》中的人物。此处章侯以虬髯客自比。

⑧岳王坟：在今浙江杭州。初建于南宋嘉定十四年（1221）。岳飞死后被朝廷追封为鄂王，故称岳王。作者《西湖梦寻》一书有详细介绍，可参看。

【简评】

那位女郎来去迹，去无踪，人乎？仙乎？醒时？梦中？作者写得恍恍惚惚，迷迷离离，读者只能摹想得之，世间的事情不见得都有答案。

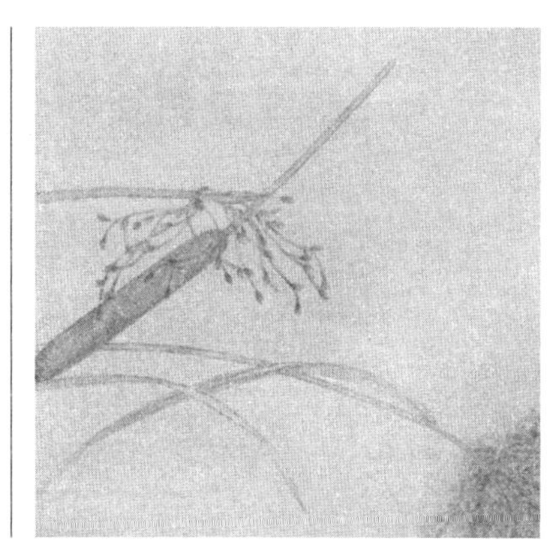

卷四

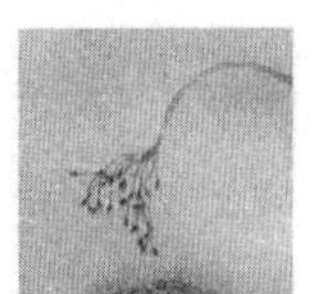

不系园[1]

甲戌十月[2]，携楚生住不系园看红叶[3]。至定香桥[4]，客不期而至者八人：南京曾波臣[5]、东阳赵纯卿、金坛彭天锡[6]、诸暨陈章侯，杭州杨与民、陆九、罗三，女伶陈素芝。余留饮。章侯携缣素为纯卿画古佛[7]，波臣为纯卿写照，杨与民弹三弦子，罗三唱曲，陆九吹箫。与民复出寸许界尺，据小梧[8]，用北调说《金瓶梅》一剧，使人绝倒。

是夜，彭天锡与罗三、与民串本腔戏[9]，妙绝；与楚生、素芝串调腔戏[10]，又复妙绝。章侯唱村落小歌，余取琴和之，牙牙如话[11]。纯卿笑曰："恨弟无一长以侑兄辈酒。"[12]余曰："唐裴将军旻居丧[13]，请吴道子画天宫壁度亡母[14]。道子曰：'将军为我舞剑一回，庶因猛厉，以通幽冥。'[15]旻脱缞衣缠结[16]，上马驰骤，挥剑入云，高十数丈，若电光下射，执鞘承之，剑透室而入[17]，观者惊栗。道子奋袂如风[18]，画壁立就。章侯为纯卿画佛，而纯卿舞剑，正今日事也。"纯卿跳身起，取其竹节鞭，重三十斤，作胡旋舞数缠[19]，大噱而去[20]。

【注释】

①不系园：明末安徽富商汪汝谦在西湖湖畔建造的一只游船，得名于《庄子·列御寇》："巧者劳而知者忧，无能者无所求，饱食而遨游，泛若不系之舟，虚而遨游者也。"船名由陈继儒题字。当时陈继儒、董其

昌、李渔、钱谦益等人都曾在不系园中饮宴并留下诗文。

②甲戌：即崇祯七年（1634）。

③楚生：即朱楚生，详见本书卷五《朱楚生》。

④定香桥：在杭州西湖花港观鱼亭前，南宋时京尹袁韶所建。

⑤曾波臣：曾鲸（1564—1647），字波臣，福建莆田人。擅长肖像画，是波臣画派的开创者。

⑥彭天锡：金坛（今江苏金坛）人。生卒年不详。本为士人，与南京缙绅多有往来，喜演剧，擅长净、丑戏，详见本书卷六《彭天赐串戏》。

⑦缣（jiān）素：供写字绘画用的白色丝绢。

⑧小梧（wú）：木头做的支架。

⑨串：原指担任戏曲角色，这里指表演。本腔戏：昆腔、昆剧。

⑩调腔戏：又名掉腔、绍兴高调，流行于浙东绍兴等地的一个剧种，由明代南戏四大声腔之一的余姚腔发展而来。

⑪牙牙：语声词，小孩学说话时的声音。

⑫侑（yòu）：劝酒。

⑬裴将军旻：斐旻，唐代将领，擅长舞剑。当时曾将李白的诗、张旭的草书和斐旻的剑舞并称为“三绝”。

⑭吴道子：吴道子（约686—约760），又名道玄，阳翟（今河南禹县）人。擅长丹青，被后人誉为画圣。度亡母：超度亡故的母亲。

⑮幽冥：阴间。

⑯缞（cuī）衣：丧服。

⑰室：剑鞘。

⑱奋袂（mèi）：扬起袖子。

⑲胡旋舞：唐代西北少数民族的舞蹈，以各种旋转动作为特色。缠：周。

⑳噱（xué）：大笑。

【简评】

在栖霞山遇到朋友，到杭州西湖又见到故交。一生中能有几次这样的快乐，也就心满意足了。

秦淮河房[1]

秦淮河河房，便寓，便交际，便淫冶，房值甚贵，而寓之者无虚日。画船萧鼓，去去来来，周折其间。河房之外，家有露台[2]，朱栏绮疏[3]，竹帘纱幔。夏月浴罢，露台杂坐。两岸水楼中，茉莉风起，动儿女香甚。女客团扇轻纨，缓鬓倾髻，软媚着人。

年年端午，京城士女填溢之看灯船。好事者集小篷船百什艇，篷上挂羊角灯如联珠[4]，船首尾相衔，有连至十余艇者。船如烛龙火蜃[5]，屈曲连蜷[6]，蟠委旋折[7]，水火激射。舟中𨱏钹星铙，宴歌弦管，腾腾如沸。士女凭栏轰笑，声光乱乱，耳目不能自主。午夜，曲倦灯残，星星自散。钟伯敬有《秦淮河灯船赋》[8]，备极形致。

【注释】

①秦淮河：又称淮水、龙藏浦。由东向西横贯南京城区，分内河和外河，内河在城中，沿河一带有很多名胜古迹。

②露台：晒台，凉台。

③绮疏：雕刻着花纹的窗户。

④羊角灯：用透明角材料做罩的灯。

⑤蜃（shèn）：传说中蛟龙一类的动物，能吐气成海市蜃楼。

⑥连蜷：长而弯曲的样子。

⑦蟠委旋折：盘旋曲折。

⑧钟伯敬：钟惺（1574—1624），字伯敬，湖北竟陵人。万历三十八

年（1610）进士，历任行人司行人、工部主事、南京礼部主事、郎中、福建提学签事。竟陵派的代表人物，著有《隐秀轩集》等。

【简评】

秦淮的繁华成就了《秦淮河灯船赋》这样的名篇佳作。

兖州阅武[①]

辛未三月[②]，余至兖州，见直指阅武[③]。马骑三千，步兵七千，军容甚壮。马蹄卒步，滔滔旷旷，眼与俱驶，猛掣始回。

其阵法奇在变换，旝动而鼓[④]，左抽右旋，疾若风雨。阵既成列，则进图直指前，立一牌曰："某阵变某阵"。连变十余阵，奇不在整齐而在便捷。扮敌人百余骑，数里外烟尘坌起[⑤]。迾卒五骑[⑥]，小如黑子，顷刻驰至，入辕门报警。建大将旗鼓，出奇设伏。敌骑突至，一鼓成擒，俘献中军。内以姣童扮女三四十骑，荷旃被毳，绣袪魋结[⑦]，马上走解[⑧]，颠倒横竖，借骑翻腾，柔如无骨。奏乐马上，三弦、胡拨琥珀词四[⑨]、上儿密失[⑩]、乂儿机[⑪]，僸侏兜离[⑫]，罔不毕集[⑬]，在直指筵前供唱，北调淫俚，曲尽其妙。是年，参将罗某，北人，所扮者皆其歌童外宅，故极姣丽，恐易人为之，未必能尔也。

【注释】

①兖州：今山东兖州。明时设兖州府，隶属山东承宣布政使司，以嵫阳为府治所在地。

②辛未：即崇祯四年（1631）。

③直指：直指使者，又称绣衣直指或直指绣衣使者，朝廷直接派往地方巡视、处理政务的官员。

④旝（kuài）：古代作战指挥所用的令旗。

⑤坌（bèn）：涌。

⑥迾（liè）：列队警戒。

⑦袪（qū）：袖口。魋（tuí）：发髻。

⑧走解：在马上表演技艺。

⑨胡拨琥珀词四：当作“胡拨四琥珀词”，即火不思，又名浑不似、胡拨四、琥珀词、和必斯，皆为琴的蒙语音译，一种蒙古族弹拨乐器，四弦、长柄、无品、音箱梨形。

⑩上儿密失：当为“土儿密失”，即都哩默色，《日下旧闻考》：“都哩，蒙古语式样也，默色，器械也，旧作土儿密失。”

⑪义儿机：当为“叉儿机“，即察尔奇。《日下旧闻考》：“察尔奇，满洲语扎板也，旧作叉儿机。”

⑫僸佅（jìn mài）兜离：泛指少数民族音乐。语出班固《东都赋》：“四夷间奏，德广所及，僸佅兜离，罔不具集。”《白虎通》：“南夷之乐曰兜，西夷之乐曰禁，北夷之乐曰佅，东夷之乐曰离。”

⑬罔：无。毕：尽、全。

【简评】

与其说是军事操练，不如说是在做团体操，后来更是变成了文艺表演。

牛首山打猎[①]

戊寅冬[②]，余在留都[③]，同族人隆平侯与其弟勋卫[④]、甥赵忻城[⑤]、贵州杨爱生[⑥]、扬州顾不盈[⑦]、余友吕吉士、姚简叔[⑧]、姬侍王月生、顾眉[⑨]、董白[⑩]、李十[⑪]、杨能[⑫]，取戎衣衣客[⑬]，并衣姬侍。姬侍服大红锦狐嵌箭衣、昭君套，乘款段马，鞲青骹，绁韩卢[14]，统箭手百余人，旗帜棍棒称是，出南门，校猎于牛首山前后，极驰骤纵送之乐。得鹿一、麂三、兔四、雉三、猫狸七。看剧于献花岩[15]，宿于祖茔[16]。次日午后猎归，出鹿麂以飨士，复纵饮于隆平家。江南不晓猎较为何事，余见之图画戏剧，今身亲为之，果称雄快。然自须勋戚豪右为之[17]，寒酸不办也。

【注释】

①牛首山：又称牛头山，在今江苏南京，因其两座主峰南北耸峙，宛如牛首，故名。作者在《夜航船》一书中有介绍："牛首山：在祖堂之北，上有二峰相对，如牛角，故名。晋王导曰：'此天阙也。'又名天阙山。"

②戊寅：即崇祯十一年（1638）。

③留都：指南京。

④隆平侯与其弟勋卫：张信以军功于永乐年间被封隆平侯，文中所说隆平侯、勋卫为其后裔。

⑤赵忻城：赵之龙，明末人，曾被封忻城伯，后降清。

⑥杨爱生：杨鼎卿，字爱生，贵州贵阳人，杨文骢之子。

⑦顾不盈：顾尔迈，字不盈，曾做过范景文幕僚，著有《明珰彰瘅录》等。

⑧姚简叔：姚允在，字简叔，会稽（今浙江绍兴）人。工诗善画，以山水、人物见长。作者称其为"字画知己"，参见本书卷五《姚简叔画》。

⑨顾眉：字眉生，号横波，为秦淮八艳之一，后嫁龚鼎孳为妾。

⑩董白：字小宛，为秦淮八艳之一，后嫁冒襄为妾。

⑪李十：李十娘，名湘真，字雪衣，十娘为其号。秦淮歌妓。

⑫杨能：秦淮歌妓，生平不详。

⑬衣（yì）客：给客人穿。衣，穿。

⑭鞲青骹，绁韩卢：语出张衡《西京赋》："青骹击于鞲下，韩卢噬于绁末。"鞲当为"韝"（gōu），射箭时所用的皮制臂套。青骹（jiāo）：一种青腿的猎鹰。绁（xiè）：拴、系。韩卢：战国时韩国一只善跑的黑狗，这里泛指良犬。

⑮献花岩：牛首山分支祖堂山北的一个石窟，相传唐代时法融禅师在此讲经，有百鸟衔花来献，故名献花岩。

⑯祖茔：当为"祖堂"。祖堂山为牛首山分支，上有幽栖寺、花岩寺等建筑。作者在《夜航船》一书中亦有介绍："祖堂：在应天府治南。唐法融和尚得道于此，为南宗第一祖师，在山房禅定，有百鸟献花，故又名献花岩。"

⑰勋戚：有功勋的皇族亲戚。豪右：豪门望族。

【简评】

连作者都生出寒酸之感，可见当时勋戚豪右之奢华。

杨神庙台阁[①]

枫桥杨神庙[②]，九月迎台阁。十年前迎台阁，台阁而已。自骆氏兄弟主之，一以思致文理为之。扮马上故事二三十骑，扮传奇一本[③]，年年换，三日亦三换之。其人与传奇中人必酷肖方用，全在未扮时，一指点为某似某，非人人绝倒者不之用。迎后，如扮胡琏者，直呼为胡琏，遂无不胡琏之[④]，而此人反失其姓。人定，然后议扮法，必裂缯为之[⑤]。果其人其袍铠须某色、某缎、某花样，虽匹锦数十金不惜也。一冠一履，主人全副精神在焉。诸友中有能生造刻画者，一月前礼聘至，匠意为之，唯其使。装束备，先期扮演，非百口叫绝又不用。故一人一骑，其中思致文理，如玩古董名画，一勾一勒，不得放过焉。土人有小小灾祲[6]，辄以小白旗一面，到庙禳之[7]，所积盈库。是日以一竿穿旗三四，一人持竿三四走神前，长可七八里，如几百万白蝴蝶，回翔盘礴在山坳树隙。四方来观者数十万人。市枫桥下，亦摊亦篷。台阁上马上有金珠宝石堕地，拾者如有物凭焉不能去，必送还神前。其在树丛田坎间者，问神，辄示其处，不或爽[8]。

【注释】

①杨神庙：今称枫桥大庙戏台，在浙江诸暨枫桥镇，所供之神名杨俨。始建于南宋。清咸丰十一年（1861）毁于太平军战火，后历经修建。台阁：一种民间游艺活动。

②枫桥：在今浙江诸暨东北。

③传奇：这里是对戏曲的统称。

④无不胡琏之：无不用胡琏来称呼那位演员。

⑤裂缯：据《帝王世纪》记载："妹喜好闻裂缯之声而笑，桀为发缯裂之，以顺适其意。"这里有不惜重金之意。

⑥灾祲：灾难。

⑦禳（ráng）：祈祷消灾。

⑧爽：差错。

【简评】

明代戏曲之兴盛，由此可见一斑。

雪　精[1]

外祖陶兰风先生[2]，倅寿州[3]，得白骡，蹄跲都白[4]，日行二百里，畜署中。寿州人病噎隔[5]，辄取其尿疗之。凡告期，乞骡尿状常十数纸。外祖以木香沁其尿，诏百姓来取。后致仕归[⑥]，捐馆[⑦]，舅氏畜轩解骖赠余[⑧]。余豢之十年许，实未尝具一日草料，日夜听其自出觅食，视其腹未尝不饱，然亦不晓其何从得饱也。天曙，必至门祗候，进厩候驱策，至午勿御，仍出觅食如故。后渐跋扈难御，见余则驯服不动，跨鞍去如箭，易人则咆哮蹄啮，百计鞭策之不应也。一日，与风马争道城上[⑨]，失足堕濠堑死，余命葬之，谥之曰“雪精”。

【注释】

①雪精：指白驴。司马光《温公续诗话》：“韩退处士，绛州人，放诞不拘，浪迹秦、晋间，以诗自名。尝跨一白驴，自有诗云：‘山人跨雪精，上便不论程。嗅地打不动，笑天休始行。’”亦指白骡，据说为仙人洪崖的坐骑。元张羽《题彭大年祷雨诗卷和仲举韵延祐己未开玄道院作》诗有“白石资方青饥饭，洪崖借乘雪精骡”之语。

②陶兰风：陶允嘉（1556—1622），字幼美，号兰风。山阴（今浙江绍兴）人。曾官通判。

③倅（cuì）：担任副职。寿州：今安徽寿县。

④蹄跲（jié）：蹄趾。

⑤噎隔，即噎嗝，一种疾病，主要症状为吞咽困难，饮食难下，或食入即吐。

⑥致仕：交还官职，即辞职、退休。

⑦捐馆：去世。

⑧畜轩：陶崇文，字乳周，号畜轩、畜轩道人。撰有杂剧《宫枭记》。

⑨风马：散养、走失的马。

【简评】

作者的饲养方式很有意思，基本上是一种野化的放养，难怪到后来驾驭不了。

严助庙[1]

陶堰司徒庙[2]，汉会稽太守严助庙也。岁上元设供[3]，任事者聚族谋之终岁。凡山物㹀㹀（虎、豹、麋鹿、獾猪之类），海物噩噩（江豚、海马、鲟黄、沙鱼之类），陆物痴痴（猪必三百斤，羊必二百斤，一日一换。鸡、鹅、凫、鸭之属，不极肥，不上贡），水物噞噞[4]（凡虾、鱼、蟹、蚌之类，无不鲜活），羽物毨毨[5]（孔雀、白鹇、锦鸡、白鹦鹉之属，即生供之），毛物毧毧[6]（白鹿、白兔、活貂鼠之属，亦生供之），洎非地[7]（闽鲜荔枝、圆眼、北苹婆果、沙果、文官果之类）、非天（桃、梅、李、杏、杨梅、枇杷、樱桃之属，收藏如新撷）、非制（熊掌、猩唇、豹胎之属）、非性（酒醉、蜜饯）之类、非理（云南蜜唧、峨眉雪蛆之类）、非想（天花龙蟠、雕镂瓜枣、捻塑米面之类）之物，无不集。庭实之盛，自帝王宗庙社稷坛壝所不能比隆者[8]。

十三日，以大船二十艘载盘转[9]，以童崽扮故事，无甚文理，以多为胜。城中及村落人，水逐陆奔，随路兜截转折，谓之“看灯头”。五夜，夜在庙演剧，梨园必倩越中上三班，或雇自武林者，缠头日数万钱[10]，唱《伯喈》《荆钗》[11]，一老者坐台下对院本[12]，一字脱落，群起噪之，又开场重做。越中有“全伯喈”“全荆钗”之名起此。天启三年，余兄弟携南院王岑、老串杨四、徐孟雅、圆社河南张大来辈往观之。到庙蹴踘[13]，张大来以“一丁泥”“一串珠”名世。球着足，浑身旋滚，一似粘疐有胶[14]、提掇有线、穿插有孔者，人人叫绝。剧至半，王岑扮李三娘，杨四扮火工窦老，徐孟雅扮洪一嫂，马小卿十二岁扮咬脐，串《磨房》《撇池》《送子》《出猎》四出[15]。科诨曲白，妙入筋髓，又复叫绝。遂解维归。戏场气夺，锣不得响，灯不得亮。

【注释】

①严助（？—前122）：本名庄助，《汉书》为避东汉明帝刘庄讳，将其改为严助。吴县人。历任中大夫、会稽太守，著有《相儿经》《严助赋》等。

②陶堰：又名陶家堰，在今浙江绍兴东。

③上元：上元节，每年农历的正月十五。

④噞噞（yǎn yǎn）：鱼在水面张口呼吸的样子。

⑤毨毨（xiǎn xiǎn）：羽毛整齐。

⑥氄氄（róng róng）：毛发细密。

⑦洎（jì）：到，及。

⑧壝（wěi ）：祭坛周围的矮墙。

⑨盘轸（líng）：当为“盘铃”，一种乐器。这里指的是盘铃傀儡，即以盘铃伴奏演出的一种傀儡戏。

⑩缠头：赠送给演员的布帛或财物。

⑪《伯喈》《荆钗》：即《琵琶记》《荆钗记》。

⑫院本：这里指剧本。

⑬蹴踘（jū）：古代一种球类游戏。

⑭疐（zhì）：停留、停滞。

⑮“王岑扮李三娘……《出猎》四出”等语：以上人物及出目，皆出自《刘知远白兔记》。解维：开船。

【简评】

如此祭祀，过于铺张奢华，不知严助的神灵能给地方带来什么好处，能对得起如此丰盛的祭品否。

乳 酪[1]

乳酪自驵侩为之[2]，气味已失，再无佳理。余自豢一牛，夜取乳置盆盎，比晓[3]，乳花簇起尺许，用铜铛煮之，瀹兰雪汁[4]，乳斤和汁四瓯，百沸之。玉液珠胶，雪腴霜腻，吹气胜兰，沁入肺腑，自是天供。或用鹤觞、花露入甑蒸之[5]，以热妙；或用豆粉搀和，漉之成腐，以冷妙。或煎酥，或作皮，或缚饼，或酒凝，或盐腌，或醋捉，无不佳妙。而苏州过小拙和以蔗浆霜，熬之、滤之、钻之、掇之、印之，为带骨鲍螺，天下称至味。其制法秘甚，锁密房，以纸封固，虽父子不轻传之。

【注释】

①乳酪：一种乳制品，用牛、羊等动物的乳汁提炼而成。

②驵侩（zǎng kuài）：牲畜交易的中间人，这里泛指商贩。

③比晓：等到天亮。

④瀹（yuè）：浸渍。

⑤鹤觞：美酒。甑（zèng）：一种做饭用的瓦器。

【简评】

作者真是一位行家里手，无论是饮水，还是品茶，都能谈出其中的精妙之处来。这次说的是乳制品，同样别出心裁地变出许多花样，令人叹为观止。

二十四桥风月[①]

广陵二十四桥风月[②]，邗沟尚存其意[③]。渡钞关[④]，横亘半里许，为巷者九条。巷故九，凡周旋折旋于巷之左右前后者，什百之。巷口狭而肠曲，寸寸节节，有精房密户，名妓、歪妓杂处之。名妓匿不见人，非向道莫得入[⑤]。歪妓多可五六百人，每日傍晚，膏沐熏烧，出巷口，倚徙盘礴于茶馆、酒肆之前，谓之"站关"。茶馆、酒肆、岸上纱灯百盏，诸妓掩映闪灭于间，疤盭者帘[⑥]，雄趾者阈[⑦]。灯前月下，人无正色，所谓"一白能遮百丑"者，粉之力也。游子过客，往来如梭，摩睛相觑，有当意者，逼前牵之去，而是妓忽出身分，肃客先行，自缓步尾之。至巷口，有侦伺者，向巷门呼曰："某姐有客了！"内应声如雷。火燎即出[⑧]，一一俱去，剩者不过二三十人。

沉沉二漏，灯烛将烬，茶馆黑魆无人声。茶博士不好请出，惟作呵欠，而诸妓醵钱向茶博士买烛寸许[⑨]，以待迟客。或发娇声，唱《劈破玉》等小词[⑩]；或自相谑浪嘻笑，故作热闹，以乱时候。然笑言哑哑声中，渐带凄楚。夜分不得不去，悄然暗摸如鬼，见老鸨，受饿、受笞，俱不可知矣。

余族弟卓如，美须髯，有情痴，善笑，到钞关，必狎妓，向余噱曰："弟今日之乐，不减王公。"余曰："何谓也？"曰："王公大人侍妾数百，到晚耽耽望幸，当御者亦不过一人。弟过钞关，美人数百人，目挑心招[⑪]，视我如潘安[⑫]。弟颐指气使，任意拣择，亦必得一当意者呼而侍我。王公大人，岂遂过我哉！"复大嚎，余亦大嚎。

【注释】

①二十四桥：在今江苏扬州市内。关于二十四桥有两种说法：一种说法是二十四座桥的总称，一种说法是一座桥的名称。

②广陵：今江苏扬州。

③邗（hán）沟：又称邗水、邗江、邗溟沟。春秋时吴王夫差为通粮道而开凿的古运河。

④钞关：明清两代收取关税的地方。因以钞纳税，故名。扬州钞关设于宣德四年（1429），地址在新城的挹江门，街上有九条巷子，每条巷里通若干小巷，为妓院集中之地。

⑤向道：向导、指引。

⑥疤盭（lì）：皮肤粗糙，相貌不好。盭，"戾"的古字。

⑦雄趾：大脚。阈（yù）：门槛。

⑧火燎：火把。

⑨醵（jù）钱：凑钱。

⑩劈破玉：当时一种流行的民间曲调。

⑪目挑心招：指女子摆出诱人的神态。

⑫潘安：潘岳，字安仁，故又省称"潘安"。西晋人，貌美，后用作美貌男子的代称。

【简评】

欢笑与凄楚、喧闹与冷落，这正是二十四桥风月的真实写照。

世美堂灯

儿时跨苍头颈[①]，犹及见王新建灯[②]。灯皆贵重华美，珠灯料丝无论[③]，即羊角灯亦描金细画，缨络罩之。悬灯百盏，尚须秉烛而行，大是闷人。余见《水浒传》“灯景诗”有云：“楼台上下火照火，车马往来人看人。”[④]已尽灯理。余谓灯不在多，总求一亮。余每放灯，必用如椽大烛，专令数人剪卸烬煤，故光迸重垣，无微不见。

十年前，里人有李某者，为闽中二尹，抚台委其造灯[⑤]，选雕佛匠，穷工极巧，造灯十架，凡两年，灯成，而抚台已物故[⑥]，携归藏椟中。又十年许，知余好灯，举以相赠，余酬之五十金，十不当一，是为主灯。遂以烧珠、料丝、羊角、剔纱诸灯辅之。

而友人有夏耳金者，剪采为花，巧夺天工，罩以冰纱，有烟笼芍药之致。更用粗铁线界划规矩，匠意出样，剔纱为蜀锦，皴其界地[⑦]，鲜艳出人。耳金岁供镇神，必造灯一盏，灯后，余每以善价购之。余一小傒善收藏[⑧]，虽纸灯亦十年不得坏，故灯日富。又从南京得赵士元夹纱屏及灯带数副[⑨]，皆属鬼工，决非人力。灯宵，出其所有，便称胜事。

鼓吹弦索，厮养臧获，皆能为之。有苍头善制盆花，夏间以羊毛炼泥墩，高二尺许，筑“地涌金莲”，声同雷炮，花盖亩余。不用煞拍鼓饶[⑩]，清吹唢呐应之，望花缓急为唢呐缓急，望花高下为唢呐高下。灯不演剧，则灯意不酣；然无队舞鼓吹，则灯焰不发。余敕小傒串元剧四五十本。演元剧四出，则队舞一回，鼓吹一回，弦索一回。其间浓淡、繁简、松实之妙，全在主人位置。使易人易地为之，自不能尔尔。故越中夸灯事之盛，必曰“世美堂灯”。

【注释】

①苍头：年纪较大的仆人、奴仆。

②王新建：明末著名收藏家，在当时与张联芳、朱敬循、项元汴、周铭仲并称江南五大收藏家。

③珠灯：当为“珠子灯”，一种用五色珠装饰的灯。田汝成《西湖游览志馀》：“珠子灯，则五色珠为网，下垂流苏，或为龙船、凤辇、楼台故事。”料丝：制作灯具的一种丝状原料。郎瑛《七修类稿》：“用玛瑙、紫石英诸药，捣为屑，煮腐如粉，然必市北方天花菜点之方凝。而后缫之为丝，织如绢状，上绘人物山水，极晶莹可爱，价亦珍贵。盖以煮料成丝，故谓之料丝。”

④楼台上下火照火，车马往来人看人：见《水浒传》第七十二回《柴进簪花入禁院　李逵元夜闹东京》。作者《快园道古》一书亦云：“《水浒传》形容汴京灯景云：‘楼台上下火照火，车马往来人看人。’只此十四字，古今灯诗灯赋，千言万语，刻画不到。”

⑤抚台：明代对巡抚的别称。

⑥物故：去世。

⑦鞔（mán）：铺饰。

⑧小傒：小童、小厮。

⑨赵士元：作者《夜航船》一书有介绍：“夹纱物件：赵士元制夹纱及夹纱帏屏，其所剮翎毛花卉，颜色鲜明，毛羽生动，妙不可言，扇扇是黄荃、吕纪得意名画。”

⑩煞拍：击打节拍。

【简评】

“灯不在多，总求一亮”，此语值得回味。

宁 了

大父母喜豢珍禽：舞鹤三对、白鹇一对①，孔雀二对，吐绶鸡一只②，白鹦鹉、鹩哥、绿鹦鹉十数架。一异鸟名“宁了”，身小如鸽，黑翎如八哥，能作人语，绝不含糊。大母呼媵婢，辄应声曰：“某丫头，太太叫！”有客至，叫曰：“太太，客来了，看茶。”有一新娘子善睡，黎明辄呼曰：“新娘子，天明了，起来吧。太太叫，快起来。”不起，辄骂曰：“新娘子，臭淫妇，浪蹄子。”新娘子恨甚，置毒药杀之。“宁了”疑即“秦吉了”③，蜀叙州出④，能人言。一日夷人买去，惊死，其灵异酷似之。

【注释】

①白鹇（xián）：亦称白雉，尾长，雄鸟背白色，有黑纹，腹部黑蓝色，雌鸟棕绿色，常栖于高山竹林间。

②吐绶鸡：作者在《夜航船》一书中有介绍：“吐绶鸡：形状、毛色俱如大鸡。天晴淑景，颔下吐绶，方一尺，金碧晃曜，花纹如蜀锦，中有一字，乃篆文‘寿’字，阴晦则不吐。一名‘寿字鸡’，一名‘锦带功曹。’”

③秦吉了：又名鹩，产于云南南部、广西南部及海南岛等地区。羽色乌黑而有光泽，其性灵敏，经训练，能模仿人语及动物叫声。作者《夜航船》一书有介绍：“秦吉了：岭南灵鸟。一名‘了哥’。形似鸲，黑色，两肩独黄，顶毛有缝，如人分发，耳聪心慧，舌巧能言。有夷人以数万钱买去，吉了曰：‘我汉禽不入胡地！’遂惊死。”

④叙州：明代设叙州府，治所在今四川宜宾。

【简评】

这只“宁了”鸟确实够灵异的，这恰恰也是其取死之道。

张氏声伎

谢太傅不畜声伎[①]，曰：“畏解，故不畜。”[②]王右军曰：“老年赖丝竹陶写，恒恐儿辈觉。”[③]曰“解”，曰“觉”，古人用字深确。盖声音之道入人最微，一解则自不能已，一觉则自不能禁也。

我家声伎，前世无之，自大父于万历年间与范长白[④]、邹愚公[⑤]、黄贞父[⑥]、包涵所诸先生讲究此道，遂破天荒为之。有“可餐班”，以张彩、王可餐、何闰、张福寿名；次则“武陵班”，以何韵士、傅吉甫、夏清之名；再次则“梯仙班”，以高眉生、李岕生、马蓝生名；再次则“吴郡班”，以王畹生、夏汝开[⑦]、杨啸生名；再次则“苏小小班”，以马小卿、潘小妃名；再次则平子“茂苑班”，以李含香、顾岕竹、应楚烟、杨騄駬名[⑧]。

主人解事日精一日，而傒童技艺亦愈出愈奇。余历年半百，小傒自小而老、老而复小、小而复老者，凡五易之。无论“可餐”“武陵”诸人，如三代法物[⑨]，不可复见；“梯仙”“吴郡”间有存者，皆为佝偻老人；而“苏小小班”亦强半化为异物矣；“茂苑班”则吾弟先去，而诸人再易其主。余则婆娑一老，以碧眼波斯[⑩]，尚能别其妍丑[⑪]。山中人至海上归，种种海错皆在其眼[⑫]，请共舐之。

【注释】

①谢太傅：谢安（320—385），字安石，祖籍陈郡阳夏（今河南太康），西晋末家族南迁至安览会稽东山（今上虞县东山）。历任司马、吴兴太守、吏部尚书、中护军。曾指挥著名的淝水之战。死后赠太傅。

②畏解，故不畜：语出《南齐书》："宋武节俭过人，……殷仲文劝令畜伎，答云'我不解声'。仲文曰'但畜自解'，又答'畏解，故不畜。'"

③老年赖丝竹陶写，恒恐儿辈觉：语出《世说新语》："谢太傅语王右军曰：'中年伤于哀乐，与亲友别，辄作数日恶。'王曰：'年在桑榆，自然至此，正赖丝竹陶写，恒恐儿辈觉，损欣乐之趣。'"陶写：陶冶性情，消愁解闷。

④范长白：范允临（1558—1641），字长倩，号长白，吴县（今江苏苏州）人。范仲淹第十七代孙。万历二十三年（1595）进士。曾任福建参议。擅丹青，著有《输廖馆集》。详见本书卷五《范长白》。

⑤邹愚公：邹迪光（1550—1626），字彦吉，号愚谷、愚公。无锡（今江苏无锡）人。万历二年（1574）进士，历官湖广学宪。擅丹青，著有《郁仪楼集》《调象庵集》《石语斋集》等。

⑥黄贞父：即黄汝亨，详见卷一《奔云石》及相关注释。

⑦夏汝开：作者所养家班艺人，作者写有《祭义伶文》。

⑧騄駬（lù ěr）：原指周穆王八骏之一，这里用作人名。

⑨三代法物：夏商周时期的器物。

⑩碧眼波斯：波斯商人，精于鉴别珠宝。

⑪妍丑：美丑。

⑫海错：海味。

【简评】

稍一回顾，物是人非，作者难免生出沧桑之叹。

方　物[1]

越中清馋[2]，无过余者，喜啖方物。北京则苹婆果[3]、黄鼠、马牙松[4]；山东则羊肚菜[5]、秋白梨、文官果[6]、甜子；福建则福桔、福桔饼、牛皮糖、红腐乳；江西则青根、丰城脯；山西则天花菜[7]；苏州则带骨鲍螺、山查丁、山查糕、松子糖、白圆、橄榄脯；嘉兴则马交鱼脯、陶庄黄雀；南京则套樱桃、桃门枣、地栗团、窝笋团、山查糖；杭州则西瓜、鸡豆子[8]、花下藕、韭芽、玄笋、塘栖蜜桔[9]；萧山则杨梅、莼菜、鸠鸟、青鲫、方柿；诸暨则香狸、樱桃、虎栗；嵊则蕨粉[10]、细榧[11]、龙游糖；临海则枕头瓜；台州则瓦楞蚶[12]、江瑶柱[13]；浦江则火肉[14]；东阳则南枣；山阴则破塘笋、谢桔、独山菱[15]、河蟹、三江屯蛏[16]、白蛤、江鱼、鲥鱼、里河鰦[17]。远则岁致之，近则月致之、日致之。耽耽逐逐[18]，日为口腹谋，罪孽固重。但由今思之，四方兵燹[19]，寸寸割裂，钱塘衣带水，犹不敢轻渡，则向之传食四方[20]，不可不谓之福德也。

【注释】

①方物：土产。

②清馋：清雅而嘴馋，这里指喜爱美食。

③苹婆果：明代对苹果的称呼。

④黄鼠：黄芽菜，马牙松：白菜。一说“黄鼠、马牙松”当为“黄芽马粪菘”，即白菜。

⑤羊肚菜：又名羊肚菌、羊肚蘑，一种食用菌类，因表面凹凸不平，

形态酷似羊肚而得名。

⑥文官果：一种果名。产于我国北方，花美丽，可供观赏，果形如螺，味甜，也可榨油。

⑦天花菜：又称花椰菜、花菜或菜花，一种蔬菜。原产地中海沿岸，后引入中国。

⑧鸡豆子：俗称鸡头，芡的果实。

⑨塘栖：在今浙江杭州北。

⑩蕨粉：用蕨根加工而成的淀粉。

⑪细榧：又名香榧、真榧、榧子。榧木的种子，可食用，亦可榨油或入药。

⑫瓦楞蚶：当为“瓦楞蚶”。作者在《夜航船》一书中有介绍：“瓦楞蚶：宁海沿海有蚶田，用大蚶捣汁，竹筅帚洒之，一点水即成一蚶，其状如荸荠，用缸砂壅之，即肥大。”

⑬江瑶柱：又名牛耳螺、干贝，一种蚌类。作者《咏方物二十首·定海江瑶》诗序云：“宁波江瑶柱，亦名西施舌，东坡为之作传。”

⑭火肉：火腿肉。

⑮独山：在绍兴城西。

⑯蛏（chēng）：一种软体动物，主要生活在沿海，肉鲜美。

⑰鲻（zī）：白傗鱼。

⑱耽耽逐逐：瞪着眼睛想得到。

⑲兵燹（xiǎn）：战火、战乱。

⑳向：从前。

【简评】

作者写有《咏方物二十首》，诗序云：“自是老饕，遂为诸物董狐。”可与本文对读。

祁止祥癖[1]

人无癖不可与交，以其无深情也；人无疵不可与交，以其无真气也。余友祁止祥有书画癖，有蹴鞠癖，有鼓钹癖，有鬼戏癖，有梨园癖。

壬午至南都[2]，止祥出阿宝示余，余谓："此西方迦陵鸟[3]，何处得来?"阿宝妖冶如蕊女，而娇痴无赖，故作涩勒，不肯着人。如食橄榄，咽涩无味，而韵在回甘；如吃烟酒，鲠饲无奈[4]，而软同沾醉。初如可厌，而过即思之。止祥精音律，咬钉嚼铁[5]，一字百磨，口口亲授，阿宝辈皆能曲通主意。

乙酉[6]，南都失守，止祥奔归，遇土贼，刀剑加颈，性命可倾，至宝是宝。丙戌[7]，以监军驻台州，乱民卤掠，止祥囊箧都尽，阿宝沿途唱曲，以膳主人。及归，刚半月，又挟之远去。止祥去妻子如脱屣耳，独以娈童崽子为性命，其癖如此。

【注释】

①祁止祥：祁豸佳（1594—1670)，字止祥，号雪瓢，山阴（今浙江绍兴）人。明天启七年（1627）举人，曾任吏部司务。多才多艺，擅长书法、绘画、度曲。祁彪佳之从兄。作者称其为"曲学知己"，并写有《寿祁止祥八十》诗。

②壬午：崇祯十五年（1642)。南都：南京。

③迦陵鸟：即迦陵频伽鸟，意译则为好声鸟、美音鸟或妙声鸟。产于印度，色黑似雀，羽毛美丽，音声清婉动听。佛教典籍常以其叫声比喻佛、菩萨之妙音。作者《夜航船》亦有介绍："迦陵鸟：鸣清越，如笙箫，妙合宫商，能为百虫之音。《楞严经》云：'迦陵仙音，遍十

方界。’”

④鲠饲（gěng yè）：哽噎，食物梗塞，难以下咽。

⑤咬钉嚼铁：比喻意志坚强。

⑥乙酉：顺治二年（1645）。

⑦丙戌：顺治三年（1646）。

【简评】

文中所写的“阿宝”到底是人是鸟，这里需要辨析一下，因为笔者看到有人将其解释为鸟，这大概是从“迦陵鸟”一语望文生义，加上“出阿宝示余”的交代，更像一个宠物了。不过文中说得很明确，祁止祥“独以娈童崽子为性命，其癖如此”，显然阿宝属于娈童崽子之流。此外，“止祥精音律，咬钉嚼铁，一字百磨，口口亲授，阿宝辈皆能曲通主意”等语也说得很明白，称阿宝等为“辈”，分明是说人。再说阿宝如果是鸟的话，模仿几句人语就不错了，怎么还能学曲、唱曲，达到“曲通主意”，“沿途唱曲，以膳主人”的程度，这也不合情理。

泰安州客店[①]

客店至泰安州，不复敢以客店目之。余进香泰山，未至店里许，见驴马槽房二十三间；再近，有戏子寓二十余处；再近，则密户曲房，皆妓女妖冶其中。余谓是一州之事，不知其为一店之事也。

投店者，先至一厅事[②]，上簿挂号，人纳店例银三钱八分，又人纳税山银一钱八分。店房三等：下客夜素，早亦素，午在山上用素酒、果核劳之[③]，谓之“接顶”。夜至店，设席贺，谓烧香后求官得官，求子得子，求利得利，故曰贺也。贺亦三等：上者专席，糖饼、五果[4]、十肴、果核、演戏；次者二人一席，亦糖饼，亦肴核，亦演戏；下者三四人一席，亦糖饼、肴核[5]，不演戏，用弹唱。计其店中，演戏者二十余处，弹唱者不胜计。庖厨炊爨亦二十余所[6]，奔走服役者一二百人。下山后，荤酒狎妓惟所欲，此皆一日事也。若上山落山，客日日至，而新旧客房不相袭，荤素庖厨不相混，迎送厮役不相兼，是则不可测识之矣。泰安一州与此店比者五六所，又更奇。

【注释】

①泰安州：今山东泰安。

②厅事：厅堂。

③果核：干果。

④五果：指桃、李、杏、栗、枣五种水果及果实。

⑤肴核：肉类和果类食品。

⑥爨（cuàn）：烧火做饭。

【简评】

明代商业之发达，于此可见一斑。本文所述内容，作者《岱志》一文亦有记载，可参看。

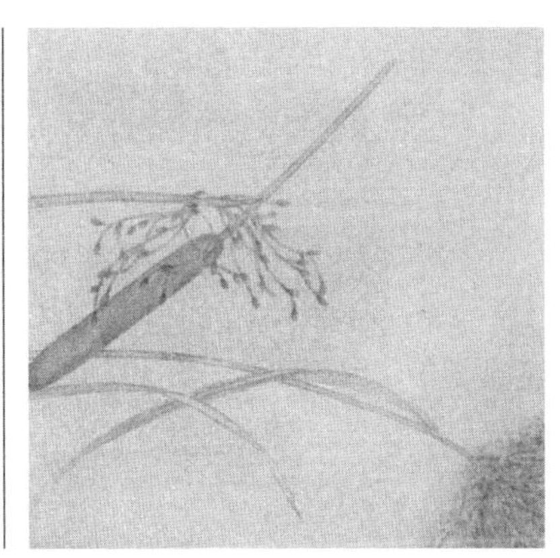

卷五

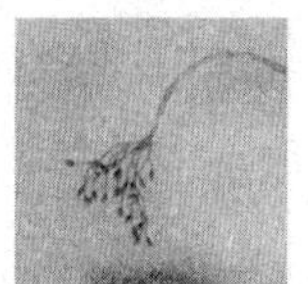

范长白

范长白园在天平山下[①]，万石都焉[②]。龙性难驯，石皆笏起，旁为范文正公墓[③]。园外有长堤，桃柳曲桥，蟠屈湖面，桥尽抵园，园门故作低小，进门则长廊复壁，直达山麓。其绘楼、幔阁、秘室、曲房，故故匿之，不使人见也。山之左为桃源，峭壁回湍，桃花片片流出。右孤山，种梅千树。渡涧为小兰亭[④]，茂林修竹，曲水流觞，件件有之。竹大如椽，明静娟洁，打磨滑泽如扇骨，是则兰亭所无也。地必古迹，名必古人，此是主人学问。但桃则溪之，梅则屿之，竹则林之，尽可自名其家，不必寄人篱下也。

余至，主人出见。主人与大父同籍[⑤]，以奇丑著。是日释褐[⑥]，大父嬲之曰[⑦]："丑不冠带，范年兄亦冠带了也。"人传以笑。余亟欲一见。及出，状貌果奇，似羊肚石雕一小猱，其鼻垩齉颐犹残缺失次也[⑧]。冠履精洁，若谐谑谈笑，面目中不应有此。开山堂小饮，绮疏藻幕，备极华褥，秘阁清讴，丝竹摇飏，忽出层垣，知为女乐。饮罢，又移席小兰亭。

比晚辞去，主人曰："宽坐，请看少焉。"[⑨]余不解，主人曰："吾乡有缙绅先生，喜调文袋，以《赤壁赋》有'少焉月出于东山之上'句[⑩]，遂字月为'少焉'。顷言'少焉'者[⑪]，月也。"固留看月，晚景果妙。主人曰："四方客来，都不及见小园雪，山石谽谺[12]，银涛蹴起，掀翻五泄[13]，捣碎龙湫[14]，世上伟观，惜不令宗子见也。”步月而出，至元墓[15]，宿葆生叔书画舫中[16]。

【注释】

①天平山：在今江苏苏州西，因其山顶正平，故名。以怪石，清泉，红枫而闻名，并称“三绝”。

②都：聚拢，聚集。

③范文正公：范仲淹（989—1052），字希文，谥文正。吴县（今江苏苏州）人。宋真宗朝进士。曾任参知政事。著有《范文正公集》。

④兰亭：在今浙江绍兴西南，相传越王勾践在此种兰花，汉代在此设驿亭，故名。

⑤同籍：同年考中进士。范允临与作者的祖父张汝霖都是万历二十三年（1595）考中进士。

⑥释褐：脱去平民服装。指刚做官。

⑦嬲（niǎo）：戏弄。

⑧垩（è）：白色。

⑨少焉：这里指月亮。

⑩《赤壁赋》：指苏轼的《前赤壁赋》。

⑪顷言：刚才所说。

⑫谽谺（hān xiā）：幽深空旷。

⑬五泄：在今浙江诸暨西北，当地人称瀑布为泄，一水折为五级，故称“五泄”。

⑭龙湫：龙湫瀑，在今浙江雁荡山，包括大龙湫瀑布、小龙湫瀑布。

⑮元墓：玄墓山，在今苏州吴县。东晋时郁泰玄葬于此，故名。

⑯葆生叔：即作者的叔父张联芳，作者在本书中又称其为“仲叔”。

【简评】

按照作者的描写，这位范长白“似羊肚石雕一小猱，其鼻垩颧颐犹残缺失次也”，也可以称得上是奇丑了。丑归丑，人却有内涵，且不乏幽默感，所谓外丑内秀。

于园

于园在瓜州步五里铺[①]，富人于五所园也。非显者刺[②]，则门钥不得出。葆生叔同知瓜州[③]，携余往，主人处处款之。园中无他奇，奇在磥石。前堂石坡高二丈，上植果子松数棵，缘坡植牡丹、芍药，人不得上，以实奇。后厅临大池，池中奇峰绝壑，陡上陡下，人走池底，仰视莲花，反在天上，以空奇。卧房槛外，一壑旋下，如螺蛳缠[④]，以幽阴深邃奇。再后一水阁，长如艇子，跨小河，四围灌木鬖丛[⑤]，禽鸟啾唧，如深山茂林，坐其中，颓然碧窈[⑥]。瓜州诸园亭，俱以假山显，胎于石，娠于磥石之手，男女于琢磨搜剔之主人，至于园可无憾矣。

仪真汪园[⑦]，辇石费至四五万，其所最加意者，为“飞来”一峰，阴翳泥泞，供人唾骂。余见其弃地下一白石，高一丈、阔二丈而痴，痴妙；一黑石，阔八尺、高丈五而瘦，瘦妙。得此二石足矣，省下二三万，收其子母[⑧]，以世守此二石何如？

【注释】

①步：同“埠”，水边停船之处。

②显者：有名声、有地位的人。刺：名帖。

③同知：副职，佐官。

④螺蛳：淡水螺。

⑤鬖丛：茂盛、丛生的样子。

⑥颓然：柔顺的样子。碧窈：碧绿幽远。

⑦仪真：在今江苏扬州仪征。

⑧子母：利息和本金。

【简评】

其石或以实奇，或以空奇，或以幽阴深邃奇。如此小的一处宅园，仅仅是石，建造者就能变出这些花样来，真是巧手，难怪作者赞不绝口。

诸 工

竹与漆与铜与窑，贱工也。嘉兴之腊竹、王二之漆竹、苏州姜华雨之箓篆竹、嘉兴洪漆之漆、张铜之铜、徽州吴明官之窑，皆以竹与漆与铜与窑名家起家，而其人且与缙绅先生列坐抗礼焉。则天下何物不足以贵人[①]，特人自贱之耳[②]。

【注释】

①贵人：使人高贵。

②特：不过，只是。

【简评】

“天下何物不足以贵人，特人自贱之耳”，此语颇有见地。

姚简叔画[①]

姚简叔画千古，人亦千古。戊寅[②]，简叔客魏为上宾。余寓桃叶渡，往来者闵汶水、曾波臣一二人而已。简叔无半面交，访余，一见如平生欢，遂榻余寓。与余料理米盐之事，不使余知。有空，则拉余饮淮上馆，潦倒而归。京中诸勋戚[③]、大老、朋侪、缁衲[④]、高人、名妓与简叔交者，必使交余，无或遗者。与余同起居者十日，有苍头至，方知其有妾在寓也。简叔塞渊[5]，不露聪明，为人落落难合，孤意一往，使人不可亲疏。与余交，不知何缘，反而求之不得也。

访友报恩寺，出册叶百方，宋元名笔。简叔眼光透入重纸，据梧精思[6]，面无人色。及归，为余仿苏汉臣一图[7]：小儿方据澡盆浴，一脚入水，一脚退缩欲出；宫人蹲盆侧，一手掖儿，一手为儿擤鼻涕；旁坐宫娥，一儿浴起伏其膝，为结绣裾[8]。一图，宫娥盛妆端立有所俟，双鬟尾之；一侍儿捧盘，盘列二瓯，意色向客；一宫娥持其盘，为整茶锹[9]，详视端谨[10]。复视原本，一笔不失。

【注释】

①姚简叔：即姚允在。

②戊寅：崇祯十一年（1638）。

③勋戚：皇族贵戚。

④缁衲：僧衣。这里代指僧侣。

⑤塞渊：心地诚实，见识深远。

⑥据梧：靠着梧几。精思：认真思考。

⑦苏汉臣（1094—1172）：汴梁（今河南开封）人，北宋、南宋任画院待诏。传世之作有《货郎图》《秋庭婴戏图》《杂技戏孩图》等。

⑧裾（jué）：短衣。

⑨茶锹（qiāo）：茶匙。

⑩端谨：小心谨慎。

【简评】

作者在《后石匮书》中这样介绍姚简叔："姚允在，字简叔，会稽人。姚氏世工图绘，而简叔笔下澹远，一洗画工习气。其模仿古人，见其临本，直可乱真。久住白下，四方赏鉴家得其片纸，如获拱璧。而雪景奇妙，可匹关思。"可与本文对读。

炉峰月[1]

炉峰绝顶，复岫回峦[2]，斗耸相乱[3]，千丈岩陬牙横梧[4]，两石不相接者丈许，俯身下视，足震慑不得前。王文成少年曾趵而过[5]，人服其胆。余叔尔蕴以毡裹体[6]，缒而下[7]，余挟二樵子，从壑底摝而上[8]，可谓痴绝。

丁卯四月[9]，余读书天瓦庵[10]。午后同二三友人登绝顶，看落照。一友曰："少需之，俟月出去。胜期难再得，纵遇虎，亦命也。且虎亦有道，夜则下山觅豚犬食耳，渠上山亦看月耶[11]？"语亦有理。四人踞坐金简石上。

是日，月政望，日没月出，山中草木都发光怪，悄然生恐。月白路明，相与策杖而下。行未数武，半山嘄呼[12]，乃余苍头同山僧七八人，持火燎、䩨刀[13]、木棍，疑余辈遇虎失路，缘山叫喊耳。余接声应，奔而上，扶掖下之。

次日，山背有人言："昨晚更定，有火燎数十把，大盗百余人，过张公岭，不知出何地？"吾辈匿笑不之语。谢灵运开山临澥[14]，从者数百人，太守王琇惊骇[15]，谓是山贼，及知为灵运，乃安。吾辈是夜不以山贼缚献太守，亦幸矣。

【注释】

①炉峰：又名香炉峰，在浙江会稽山诸峰中最高，海拔354米，山势较为险峻。

②复岫（xiù）回峦：山峦起伏、曲折。

③斗耸：陡立、耸立。

④陬（zōu）牙横梧：犬牙交错的样子。

⑤王文成：王守仁（1472—1529），字伯安，号阳明，谥文成，浙江余姚人。趵（bào）：跳跃。

⑥尔蕴：张烨芳，字尔蕴，号七磐，是作者的七叔。

⑦缒（zhuì）：系在绳子上放下去。

⑧搲（wā）：用手抓住物体。

⑨丁卯：天启七年（1627）。

⑩天瓦庵：天瓦山房。祁彪佳《越中园亭记》有介绍："在表胜庵下，背负绝壁，楼台在丹崖青嶂间。"

⑪渠：岂，难道。

⑫噭（jiào）呼：大声喊叫。

⑬鞥（wēng）刀：一种可装在靴筒里的短刀。

⑭澥（xiè）：靠近陆地的海湾。

⑮骇（hài）：吃惊，可怕。

【简评】

王安石早在《游褒禅山记》一文中曾说过："夫夷以近，则游者众；险以远，则至者少。而世之奇伟瑰怪非常之观，常在于险远，而人之所罕至焉。"无人的地方有风景，作者深得其中三昧。

湘　湖①

西湖，田也而湖之，成湖焉；湘湖，亦田也而湖之，不成湖焉。湖西湖者，坡公也，有意于湖而湖之者也；湖湘湖者，任长者也，不愿湖而湖之者也。任长者有湘湖田数百顷，称巨富。有术者相其一夜而贫②，不信。县官请湖湘湖，灌萧山田，诏湖之，而长者之田一夜失，遂赤贫如术者言。今虽湖，尚田也，不下插板，不筑堰，则水立涸。是以湖中水道，非熟于湖者不能行咫尺。游湖者坚欲去，必寻湖中小船与湖中识水道之人，溯十阏三[③]，鲠咽不之畅焉。湖里外锁以桥，里湖愈佳。盖西湖止一湖心亭为眼中黑子，湘湖皆小阜、小墩、小山，乱插水面，四围山趾，棱棱砺砺，濡足入水，尤为奇峭。

余谓西湖如名妓，人人得而媟亵之[④]；鉴湖如闺秀，可饮而不可狎；湘湖如处子，眡娗羞涩[⑤]，犹及见其未嫁时也。此是定评，确不可易。

【注释】

①湘湖，在今浙江杭州，位于钱塘江南岸，萧山城区西南。景色优美，与西湖一起被称为“姐妹湖”。

②相：看面，相面。

③阏（è）：阻塞。

④媟（xiè）亵：举止亲昵、不庄重。

⑤眡娗（shì tiǎn）：腼腆、害羞。

【简评】

作者对西湖、鉴湖、湘湖所作的比较，新鲜别致。在《西湖梦寻》一书中，他说得更为具体、透彻：“至于湘湖，则僻处萧然，舟车罕至，故韵士高人无有齿及之者。余弟毅儒常比西湖为美人，湘湖为隐士，鉴湖为神仙。余不谓然。余以湘湖为处子，眡娗羞涩，犹及见其未嫁之时；而鉴湖为名门闺淑，可饮而不可狎；若西湖则为曲中名妓，声色俱丽，然倚门献笑，人人得而媟亵之矣。人人得而媟亵，故人人得而艳羡；人人得而艳羡，故人人得而轻慢。在春夏则热闹之至，秋冬则冷落矣；在花朝则喧哄之至，月夕则星散矣；在清明则萍聚之至，雨雪则寂寥矣。”

柳敬亭说书[①]

南京柳麻子，黧黑，满面疤瘤[②]，悠悠忽忽，土木形骸[③]，善说书。一日说书一回，定价一两。十日前先送书帕下定[④]，常不得空。南京一时有两行情人[⑤]：王月生、柳麻子是也。

余听其说《景阳冈武松打虎》白文[⑥]，与本传大异[⑦]。其描写刻画，微入毫发，然又找截干净[⑧]，并不唠叨。勃夬声如巨钟[⑨]，说至筋节处，叱咤叫喊，汹汹崩屋。武松到店沽酒，店内无人，謈地一吼[⑩]，店中空缸空甓皆瓮瓮有声。闲中著色，细微至此。主人必屏息静坐，倾耳听之，彼方掉舌。稍见下人呫哔耳语[⑪]，听者欠伸有倦色，辄不言，故不得强。每至丙夜[⑫]，拭桌剪灯，素瓷静递[⑬]，款款言之，其疾徐轻重，吞吐抑扬，入情入理，入筋入骨，摘世上说书之耳，而使之谛听，不怕其不齰舌死也[⑭]。

柳麻子貌奇丑，然其口角波俏[⑮]，眼目流利，衣服恬静，直与王月生同其婉娈，故其行情正等[⑯]。

【注释】

①柳敬亭（1587—约1670）：原姓曹，名永昌，字葵宇。后犯法逃命，改姓柳，名逢春，号敬亭。因脸麻而被人称为柳麻子。泰州（今江苏泰州）人，一说通州（今江苏南通）人，以善说评书名于世。

②疤瘤（lěi）：疤痕。

③悠悠忽忽，土木形骸：语出《世说新语》：“刘伶身长六尺，貌甚丑悴，而悠悠忽忽，土木形骸。”悠悠忽忽：悠闲恬淡的样子。土木形骸：形体像土木一样自然。这里指不加修饰，以本来面目示人。

④书帕：请柬、订金。下定：约定时间。

⑤行情人：走红、受欢迎的人。

⑥白文：只有说白，没有弹唱的表演。

⑦本传：指小说《水浒传》。

⑧找截干净：直截了当，干净利落。

⑨勃夬（guài）：声音洪亮。

⑩謈（pó）：大喊。

⑪呫哔（chè bì）耳语：小声说话，窃窃私语。

⑫丙夜：三更半夜，从晚上十一点至第二天凌晨一点。

⑬素瓷：白色、没有图案花纹的瓷器。

⑭齚（zé）：咬。

⑮口角波俏：口齿灵利。

⑯行情正等：声名、身价正相当。

【简评】

作者另写有《柳麻子说书》一诗，除了柳敬亭，亦谈及本书所记的多个人物，兹引如下：

向年潦倒在秦淮，亲见名公集白下。
仲谦竹器叔远犀，波臣写照叔简画。
昆白弦子士元灯，张卯串戏杂彭大。
及见泰州柳先生，诸公诸技皆可罢。
先生古貌伟衣冠，舌底喑呜兼叱咤。
辟开混沌取须眉，嚼碎虚空寻笑骂。
张华应对建章宫，万户千门无一差。
详人所略略人详，笑有真笑怕真怕。
勾勒水浒更神奇，耐庵咋指贯中吓。
夏起层冰冬起雷，天雨血兮鬼哭夜。
先生满腹是文情，刻画雕镂夺造化。
眼前活立太史公，口内龙门如水泻。

樊江陈氏橘[1]

樊江陈氏辟地为果园，枸菊围之。自麦为蒟酱[2]，自秫酿酒[3]，酒香冽，色如淡金蜜珀，酒人称之。自果自蓏，以螫乳醴之为冥果[4]。树谢橘百株，青不撷，酸不撷[5]，不树上红不撷，不霜不撷，不连蒂剪不撷。故其所撷，橘皮宽而绽，色黄而深，瓤坚而脆，筋解而脱，味甜而鲜。第四门、陶堰、道墟以至塘栖，皆无其比。余岁必亲至其园买橘，宁迟、宁贵、宁少。购得之，用黄砂缸藉以金城稻草或燥松毛收之[6]。阅十日，草有润气，又更换之，可藏至三月尽，甘脆如新撷者。枸菊城主人橘百树，岁获绢百匹，不愧木奴[7]。

【注释】

①樊江：在今浙江绍兴皋埠镇，相传为西汉名将樊哙故地。

②蒟（jǔ）酱：用胡椒科植物做成的酱，亦称枸酱。

③秫（shù）：即黏高粱，多用以酿酒。

④螫乳：蜂蜜。冥果：一种青果蜜饯。

⑤撷（xié）：采摘。

⑥金城稻：潮州稻，金城为潮州之别称。一说金城稻即占城稻。

⑦木奴：《水经注·沅水》："龙阳县之氾洲，洲长二十里，吴丹阳太守李衡植柑于其上，临死，敕其子曰：'吾州里有木奴千头，不责衣食，岁绢千匹。'"作者《夜航船》一书亦有解释："木奴：李衡为丹阳太守，于龙阳洲上种橘千树。临终，敕其子曰：'吾州里有千头木奴，不责汝衣食。岁上一匹绢，亦足用矣。'"后因称柑橘树为木奴，也泛指果实。

【简评】

这位陈氏很会把握采摘时机，不早不晚，等橘子达到最佳状态时，才十分小心地采下。说起来也是个技术活，不能不讲究，否则大家的橘子都一样，作者也就不会宁迟、宁贵、宁少也要买陈氏的橘子了。用现在的话说，陈氏很懂得特色经营这个道理。

治沅堂

占有拆字法。宣和间[①]，成都谢石拆字[②]，言祸福如响。钦宗闻之[③]，书一“朝”字，令中贵人持试之。石见字，端视中贵人曰[④]：“此非观察书也。”[⑤]中贵人愕然。石曰：“‘朝’字离之为‘十月十日’，乃此月此日所生之天人，得非上位耶？”一国骇异。

吾越谢文正厅事名“保锡堂”[⑥]，后易之他姓。主人至，亟去其匾，人问之，曰：“分明写‘呆人易金堂’。”朱石门为文选署中额“典剧”二字[⑦]，继之者顾诸吏曰：“尔知诸公意乎？此二字离合言之，曰：‘曲处曲处，八刀八刀’耳。”歙许相国孙志吉为大理评事[⑧]，受魏珰指[⑨]，案卖黄山[⑩]，势张甚，当道媚之，送一匾曰“大卜于门”。里人夜至，增减其笔划凡三：一曰“天下未闻”；一倒读之曰“阉手下犬”；一曰“太平拿问”。后直指提问[⑪]，械至太平[⑫]，果如其言。

凡此数者皆有义味。而吾乡缙绅有名“治沅堂”者，人不解其义，问之，笑不答，力究之，缙绅曰：“无他意，亦止取‘三台、三元’之义云耳。”[⑬]闻者喷饭。

【注释】

①宣和：北宋徽宗年号，从公元 1119 年至 1125 年。

②谢石：字润夫，四川成都人，北宋人，以测字闻名，民间有许多其测字灵验的传说。

③钦宗：即宋钦宗赵桓（1100—1156）。原名亶，又名烜。宋徽宗长子，仅在位两年。

④中贵人：宦官。

⑤观察：唐代于不设节度使的区域设观察使，省称“观察”。宋代观察使实为虚衔。这里泛指官员。

⑥谢文正：谢迁（1449—1531），字于乔，号木斋，谥文正。浙江余姚人。明成化十一年（1475）状元，历任翰林院编撰、兵部尚书、东阁大学士。著有《谢文正公集》《木溪归田稿》等。

⑦朱石门：朱敬循，字石门，浙江绍兴人，历任礼部郎中、大常少卿、右通政使。著有《刻精注大明律例致君奇术》。系朱赓之子，作者舅祖。

⑧许相国：许国（1527—1596），字维桢，号颖阳，歙县人。嘉靖四十四年（1565）进士。官至礼部尚书兼东阁大学士。许志吉：历任太仆寺丞、大理寺正，因依附魏忠贤，为非作歹，后被处决。大理评事：官名，负责刑狱之事。明代大理寺下设左右二寺，按地区分理天下刑狱，寺设寺正、寺副及评事。

⑨魏珰：珰原为汉代武职宦官帽子上的装饰品，后借指宦官。魏珰指宦官魏忠贤。

⑩案卖黄山：指孙志吉在黄山一案中徇私枉法事。据《明史》记载：“编修吴孔嘉与宗人吴养春有仇，诱养春仆告其主隐占黄山，养春父子瘐死。忠贤遣主事吕下问、评事许志吉先后往徽州籍其家，株蔓残酷。”

⑪直指：朝廷特派官员。

⑫太平：太平府，辖区相当于今安徽马鞍山、芜湖。

⑬三台、三元：三台即三公，古代三种最高官衔的合称。明清时期以太师、太傅、太保为三公。三元：乡试、会试、殿试的第一名分别为

解元、会元、状元，合称三元。

【简评】

作者在《夜航船》一书中记载了如下一个拆字故事："朝字：开元时，有术士以拆字驰名。唐玄宗书一'朝'字，令中贵持往试之。术士见字，即端视中贵人曰：'此非观察所书也。'中贵人愕然曰：'但据字言之。'术士以手加额曰：'朝字，离之为十月十日，非此月此日所生之人，天人，当谁书也！'一座尽惊，中贵驰奏。翌日召见，补承信郎，赍甚厚。"与谢石为宋钦宗拆字事如出一辙，可见此类传说版本很多。

虎丘中秋夜

虎丘八月半，土著流寓、士夫眷属、女乐声伎、曲中名妓戏婆、民间少妇好女、崽子娈童及游冶恶少[①]、清客帮闲、傒僮走空之辈[②]，无不鳞集[③]。自生公台、千人石、鹤涧、剑池、申文定祠[④]，下至试剑石[⑤]、一二山门，皆铺毡，席地坐，登高望之，如雁落平沙，霞铺江上。天暝月上，鼓吹百十处，大吹大擂，十番铙钹[⑥]，渔阳掺挝[⑦]，动地翻天，雷轰鼎沸，呼叫不闻。更定，鼓铙渐歇，丝管繁兴，杂以歌唱，皆"锦帆开，澄湖万顷"同场大曲[⑧]，蹲踏和锣丝竹肉声[⑨]，不辨拍煞[⑩]。更深，人渐散去，士夫眷属皆下船水嬉，席席征歌，人人献技，南北杂之，管弦迭奏，听者方辨句字，藻鉴随之[⑪]。二鼓人静，悉屏管弦，洞箫一缕，哀涩清绵，与肉相引，尚存三四，迭更为之。三鼓，月孤气肃，人皆寂阒[⑫]，不杂蚊虻。一夫登场，高坐石上，不箫不拍，声出如丝，裂石穿云，串度抑扬，一字一刻。听者寻入针芥[⑬]，心血为枯，不敢击节，惟有点头。然此时雁比而坐者，犹存百十人焉。使非苏州[14]，焉讨识者[15]。

【注释】

①崽子：男孩。娈童：以色相获宠的美貌男子。

②走空：骗子。

③鳞集：聚集。

④生公台：即生公讲台，相传东晋高僧竺道生曾在此讲经说法，故名。千人石：又名千人坐，虎丘景区的一块巨石，可容纳千人，故名。鹤涧：在虎丘后山，唐代有位清远道士在此养鹤，故名。剑池：在千人石北崖壁下，窄如剑形。据说吴王阖闾死后葬于此，并以鱼肠剑等宝剑殉葬，故名。申文定：申时行（1535—1614），字汝默，谥文定。长洲（今苏州）人。嘉靖四十一年（1562）状元，历任少师兼太子太师、吏部尚书、中极殿大学士、内阁首辅。著有《赐闲堂集》等。

⑤试剑石：位于虎丘上山路上的一块巨石，中间有道裂缝，据说吴王曾在此试剑。

⑥十番铙钹：亦称十番锣鼓，民间器乐，以吹打乐器为主。

⑦渔阳掺挝（zhuā）：鼓曲名。

⑧锦帆开、澄湖万顷：传奇《浣沙记》第十四出《打围》中《普天乐》曲首句为“锦帆开，牙樯动”，第三十出《采莲》中《念奴娇序》曲首句为“澄湖万顷、见花攒锦绣，平铺十里红妆。”同场大曲：多人一起合唱的曲子。

⑨蹲踏：蹲沓，噂沓，众声纷纭，人声嘈杂。丝竹肉声：弦乐、管乐和歌唱之声。

⑩拍煞：套曲的中段、结尾。这里泛指节拍、节奏。

⑪藻鉴：品评、鉴别。

⑫寂阒（qù）：寂静。

⑬针芥：细微之处。

⑭使：假如。

⑮识者：知音。

【简评】

三鼓之后的唱曲，令人神往。

麋　公①

万历甲辰②，有老医驯一大角鹿，以铁钳其趾，设鞍韅其上③，用笼头衔勒，骑而走，角上挂葫芦药瓮，随所病出药，服之辄愈。家大人见之喜，欲售其鹿，老人欣然，肯解以赠，大人以三十金售之。五月朔日④，为大父寿，大父伟硕，跨之走数百步，辄立而喘，常命小裾笼之，从游山泽。

次年，至云间⑤，解赠陈眉公。眉公羸瘦，行可连二三里，大喜。后携至西湖六桥、三竺间⑥，竹冠羽衣⑦，往来于长堤深柳之下，见者啧啧，称为“谪仙”⑧。后眉公复号“麋公”者，以此。

【注释】

①麋公：陈继儒（1558—1639），字仲醇，号空青、眉公、麋公、白石山樵，华亭（今上海松江）人。多才多艺，以文学、书画闻名，著有《皇明书画史》《书画金汤》《眉公秘籍》《陈眉公先生全集》等。他是作者祖父张汝霖的好友，作者的思想及创作受到其较大影响。

②万历甲辰：即万历三十二年（1604）。

③鞍韅（jiāo xiǎn）：鞍，鲛鲅。韅，骢鞴，经马腋上系于鞍。

④朔日：农历每月初一。

⑤云间：古代松江的别称。

⑥六桥：苏堤上的六座拱桥，即映波桥、锁澜桥、望山桥、压堤桥、东浦桥和跨虹桥。三竺：杭州灵隐山东南天竺山，有上天竺、中天竺、

下天竺三座寺院，合称“三竺”或“三天竺”。

⑦羽衣：道士所穿的服装。

⑧谪仙：被谪降人世的神仙。李白曾被贺知章称为谪仙，后人多以谪仙专指李白。

【简评】

作者《快园道古》一书亦记载了一则与陈眉公及角鹿有关的趣事：“陶庵年八岁，大父携之至西湖。眉公客于钱塘，出入跨一角鹿。一日，向大父曰：‘文孙善属对，吾面考之。’指纸屏上《李白骑鲸图》曰：‘太白骑鲸，采石江边捞夜月。’陶庵曰：‘眉公跨鹿，钱塘县里打秋风。’眉公赞叹，摩予顶曰：‘那得灵敏至此，吾小友也。’”可与此文对读。

扬州清明

扬州清明，城中男女毕出，家家展墓[①]。虽家有数墓，日必展之。故轻车骏马，箫鼓画船，转折再三，不辞往复。监门小户亦携肴核纸钱[②]，走至墓所，祭毕，席地饮胙[③]。自钞关、南门、古渡桥、天宁寺[④]、平山堂一带[⑤]，靓妆藻野，袨服缛川[⑥]。随有货郎，路旁摆设骨董古玩并小儿器具。博徒持小杌坐空地[⑦]，左右铺祖衫半臂[⑧]、纱裙汗帨[⑨]、铜炉锡注、瓷瓯漆奁，及肩彘鲜鱼[⑩]、秋梨福桔之属，呼朋引类，以钱掷地，谓之“跌成”[⑪]，或六或八或十，谓之“六成”“八成”“十成”焉。百十其处，人环观之。是日，四方流离及徽商、西贾[⑫]、曲中名妓，一切好事之徒，无不咸集。长塘丰草，走马放鹰；高阜平冈，斗鸡蹴踘；茂林清樾，劈阮弹筝[⑬]。浪子相扑，童稚纸鸢[⑭]，老僧因果，瞽者说书，立者林林，蹲者蛰蛰[⑮]。日暮霞生，车马纷沓。宦门淑秀，车幕尽开，婢媵倦归，山花斜插，臻臻簇簇[16]，夺门而入。余所见者，惟西湖春、秦淮夏、虎丘秋，差足比拟。然彼皆团簇一块，如画家横披[17]；此独鱼贯雁比，舒长且三十里焉，则画家之手卷矣。南宋张择端作《清明上河图》[18]，追摹汴京景物，有西方美人之思[19]，而余目盱盱[20]，能无梦想。

【注释】

①展墓：省视坟墓，即扫墓。

②监门：守门小吏。这里泛指社会地位不高的人家。小户：贫寒或社会地位卑微的人家。

③饮胙（zuò）：吃祭祀过后的食物。胙：祭祀用的肉食。

④天宁寺：在今江苏扬州城北。始建于东晋，相传原为谢安别墅，后由其子司空谢琰建立寺庙，取名谢司空寺。北宋政和年间易名为天宁寺。

⑤平山堂：在今江苏扬州大明寺，包括平山堂、谷林堂、欧阳祠三部分。初建于宋庆历八年（1048），时欧阳修任扬州知州。由此远望，南面诸山，历历在目，与此堂平，故名。

⑥袨服缛川：黑色的礼服遍及河川、桥头。“缛”与上文“藻”均作动词用。

⑦杌（wù）：小凳子。

⑧衵（nì）衫：内衣，贴身衣服。

⑨汗帨（shuì）：佩巾。

⑩肩彘：俗称肘子，即猪腿上面的部分。

⑪跌成：一种赌博游戏。据李斗《扬州画舫录》：“跌成，古博戏也，时人谓之拾博。用三钱者为三星，六钱者为六成，八钱者为八义，均字均幕为成，四字四幕为天分。天分必幕与幕偶，字与字偶，长一尺，不杂不斜，以此为难。”

⑫西贾：晋商，山西商人。

⑬阮：一种弦乐器，柄长而直，形似月琴。

⑭纸鸢（yuān）：风筝。

⑮蛰蛰：人数很多的样子。

⑯臻臻簇簇：簇拥的样子。

⑰横披：书画装裱的一种式样，竖短横长。

⑱张择端：字正道，东武（今山东诸城）人。北宋画家，曾任职翰林图画院。代表作有《清明上河图》等。

⑲西方美人：典出《诗经·国风·简兮》："云谁之思，西方美人。彼美人兮，西方之人兮。"诗中以"西方美人"寄托对西周君王的怀念。作者用此典以表达故国之思。

⑳盱盱：张目直视的样子。

【简评】

作者在其《史阙》南宋卷曾这样评价张择端的《清明上河图》："张择端《清明上河图》，因南渡后想见汴京旧事，故摹写不遗余力。若在汴京，未必作此。乃知繁华富贵，过去便堪入画，当年正不足观。嗟乎，南渡后人但知临安富丽，又谁念故都风物。择端此图，即谓忠简请回銮表可也。"由此不难推想作者撰写此文乃至此书的内在动机。

金山竞渡[①]

看西湖竞渡十二三次，己巳竞渡于秦淮[②]，辛未竞渡于无锡[③]，壬午竞渡于瓜州[④]，于金山寺。西湖竞渡，以看竞渡之人胜，无锡亦如之。秦淮有灯船无龙船，龙船无瓜州比，而看龙船亦无金山寺比。瓜州龙船一二十只，刻画龙头尾，取其怒；旁坐二十人持大楫，取其悍；中用彩篷，前后旌幢绣伞，取其绚；撞钲挝鼓[5]，取其节；艄后列军器一架，取其锷[6]；龙头上一人足倒竖，敁敪其上[7]，取其危；龙尾挂一小儿，取其险。自五月初一至十五，日日画地而出。五日出金山，镇江亦出。惊湍跳沫，群龙格斗，偶堕洄涡，则百蚨捷捽[8]，蟠委出之。金山上人团簇，隔江望之，蚁附蜂屯，蠢蠢欲动。晚则万艓齐开[9]，两岸沓沓然而沸。

【注释】

①竞渡：流行于我国南方的一项民俗活动，多以龙舟竞赛的方式进行。起源于楚地，为纪念屈原而设，时间在每年的端午节。

②己巳：崇祯二年（1629）。

③辛未：崇祯四年（1631）。

④壬午：崇祯十五年（1642）。

⑤钲（zhēng）：乐器名。挝（zhuā）：击，打。

⑥锷（è）：原指剑刃，这里指兵器锋利的意思。

⑦敁敪（diān duō）：亦作“掂掇”，原指用手估量物体的轻重，这里形容人倒挂的样子。

⑧百蚨（jié ）捷捽（zuó）：形容竞渡者身手敏捷。

⑨艓（dié）：小船。

【简评】

这分明是一场盛大的狂欢节，重要的不仅仅是精彩的竞渡表演，更在全民性的积极参与。正在这种参与和互动中，民俗仪式所蕴涵的文化精神才真正得以体现，得到传承。

刘晖吉女戏[1]

女戏以妖冶恕[2]，以啴缓恕[3]，以态度恕，故女戏者全乎其为恕也。若刘晖吉则异是。刘晖吉奇情幻想，欲补从来梨园之缺陷。如唐明皇游月宫[4]，叶法善作[5]，场上一时黑魆地暗，手起剑落，霹雳一声，黑幔忽收，露出一月，其圆如规，四下以羊角染五色云气，中坐常仪[6]，桂树吴刚[7]，白兔捣药[8]。轻纱幔之内，燃赛月明数株，光焰青黎，色如初曙，撒布成梁，遂蹑月窟，境界神奇，忘其为戏也。其他如舞灯，十数人手携一灯，忽隐忽现，怪幻百出，匪夷所思，令唐明皇见之，亦必目睁口开，谓氍毹场中那得如许光怪耶[9]。彭天锡向余道："女戏至刘晖吉，何必男子，何必彭大。"天锡，曲中南董[10]，绝少许可，而独心折晖吉家姬，其所鉴赏，定不草草。

【注释】

①刘晖吉：刘光斗，字晖吉，江苏武进人。天启五年（1625）进士，曾任广西御史、大理寺丞。

②恕：揣摩、推想，这里指对戏曲中角色心理、神态的一种体验和揣摩。

③啴（chǎn）缓：和缓、舒缓。

④唐明皇游月宫：唐明皇即唐玄宗李隆基。传说唐玄宗曾游月宫，作者《夜航船》一书亦有介绍："游月宫：开元二年八月十五夜，明皇与天师申元之游月宫，及至，见大府，榜曰'广寒清虚之府'，翠色冷光相射，极寒，不可少留。前见素娥十余人，皆皓衣，乘白鸾，笑舞于广寒大桂树之下，音乐清丽。明皇制《霓裳羽衣曲》以记之。一说叶静

能，一说罗公远，事凡三见。”

⑤叶法善：字道元，唐代道士，民间多有其成仙灵异故事。作者《夜航船》一书即记载有一则：“照病镜：叶法善有铁镜，鉴物如水。人有疾以镜照之，尽见脏腑中所滞之物，然后以药治之，疾即愈。”

⑥常仪：即嫦娥。神话传说中的人物，据说她偷吃仙丹，跑到月亮上。

⑦桂树吴刚：传说月中有桂树，高五百丈，下有一人常砍之，树创随砍随合。砍树者为吴刚，因学仙有过，谪令伐树。

⑧白兔捣药：传说月中有白兔。傅咸《拟天问》：“月中何有？玉兔捣药。”

⑨氍毹（qú shū）：毛毯，通常泛指戏曲舞台。

⑩南董：春秋时期两位史官即齐国史官南史、晋国史官董狐的合称，两人皆以直笔不讳而著称。曲中南董，这里指彭天锡能对戏曲表演作出客观、公允的评价。

【简评】

作者在《快园道古》一书中记载了他与刘光斗观剧的一件趣事：“毗陵刘光斗为绍兴司李，陶庵小仆演魏珰剧，魏珰骂左光斗则直呼其名。陶庵嘱之曰：‘司李名光斗，汝但呼左沧屿，勿呼光斗。’小仆惊持过甚，遇骂时，直呼：‘刘光斗，你这小畜生！’傍人错愕，司李笑曰：“我得与忠臣同名，尔只管骂不妨。”由此可见这位刘光斗之为人。

朱楚生

朱楚生，女戏耳，调腔戏耳。其科白之妙，有本腔不能得十分之一者。盖四明姚益城先生精音律[①]，尝与楚生辈讲究关节，妙入情理，如《江天暮雪》《霄光剑》《画中人》等戏，虽昆山老教师细细摹拟[②]，断不能加其毫末也。班中脚色，足以鼓吹楚生者方留之，故班次愈妙。楚生色不甚美，虽绝世佳人，无其风韵。楚楚谡谡[③]，其孤意在眉，其深情在睫，其解意在烟视媚行。性命于戏，下全力为之。曲白有误，稍为订正之，虽后数月，其误处必改削如所语。

楚生多坐驰[④]，一往深情，摇飏无主[⑤]。一日，同余在定香桥，日晡烟生，林木窅冥，楚生低头不语，泣如雨下，余问之，作饰语以对。劳心忡忡，终以情死。

【注释】

①四明：今浙江宁波市。姚益城：姚宗文，字袠之，号益城，慈溪人。万历三十五年（1607）进士，历任户科给事中、都御史。著有《益城集》。

②昆山：今江苏昆山县。

③楚楚谡谡（sù）：风度清雅高迈。

④坐驰：身形不动但心里却不平静。

⑤摇飏（yáng）无主：心神不定。

【简评】

朱楚生的先天条件并不是很好，比如“色不甚美”，这可能会影响其扮相效果，但她的演唱能达到让昆山老教师“不能加其毫末”的程度，原因无他，“性命于戏，下全力为之”。

扬州瘦马

扬州人日饮食于瘦马之身者数十百人。娶妾者切勿露意，稍透消息，牙婆、驵侩[1]，咸集其门，如蝇附膻，撩扑不去。

黎明，即促之出门，媒人先到者先挟之去，其余尾其后，接踵伺之。至瘦马家，坐定，进茶，牙婆扶瘦马出，曰："姑娘拜客。"下拜。曰："姑娘往上走。"走。曰："姑娘转身。"转身向明立，面出。曰："姑娘借手睄睄。"[2]尽褫其袂[3]，手出、臂出、肤亦出。曰："姑娘睄相公。"转眼偷觑，眼出。曰："姑娘几岁？"曰几岁，声出。曰："姑娘再走走。"以手拉其裙，趾出。然看趾有法，凡出门裙幅先响者，必大；高系其裙，人未出而趾先出者，必小。曰："姑娘请回。"一人进，一人又出。看一家必五六人，咸如之。看中者，用金簪或钗一股插其鬓，曰"插带"。看不中，出钱数百文，赏牙婆或赏其家侍婢，又去看。牙婆倦，又有数牙婆踵伺之。一日、二日至四五日，不倦亦不尽，然看至五六十人，白面红衫，千篇一律，如学字者，一字写至百至千，连此字亦不认得矣。心与目谋，毫无把柄，不得不聊且迁就，定其一人。

插带后，本家出一红单，上写彩缎若干，金花若干，财礼若干，布匹若干，用笔蘸墨，送客点阅。客批财礼及缎匹如其意，则肃客归。归未抵寓，而鼓乐、盘担、红绿、羊酒在其门久矣。不一刻而礼币、糕果俱齐，鼓乐导之去。去未半里而花轿、花灯、擎燎、火把、山人[4]、傧相、纸烛、供果、牲醴之属，门前环侍。厨子挑一担至，则蔬果、肴馔、汤点、花棚、糖饼、桌围、坐褥、酒壶、杯箸、龙虎寿星、撒帐牵红[⑤]、小唱弦索之类，又毕备矣。不待复命，亦不待主人命，而花轿及亲送小轿一齐往迎，鼓乐灯燎，新人轿与亲送轿一时俱到矣。新人拜堂，亲送上席，小唱鼓吹，喧阗热闹[⑥]。日未午而讨赏遽去[⑦]，急往他家，又复如是。

【注释】

①牙婆：旧称媒婆、人贩子一类女性为牙婆，或称牙嫂。驵（zǎng）侩：原指牲畜交易的中间人，这里指媒婆。

②睄（shào）：扫一眼，略看一看。

③褫（chǐ）：夺下，解下。

④山人：从事卜卦、算命等职业的人。

⑤撒帐：旧时婚俗，新婚夫妇交拜后，并坐床沿，由妇女散掷金钱彩果。

⑥阗（tián）：热闹。

⑦遽（jù）去：迅速离开。

【简评】

所谓瘦马就是那些经过训练、卖给达官富商做妾的年轻女子，之所以叫瘦马，是因为当时以瘦为美，这些女子大多身材苗条瘦削，故名。至今扬州人娶媳妇俗语仍称作娶马或娶马马。这些瘦马大多是贫苦人家的女儿，她们从小被人贩子买去，然后进行各种训练，等长大后再卖给达官富商。

俗话说：扬州出美女。在其背后，是一部辛酸悲楚的血泪史。

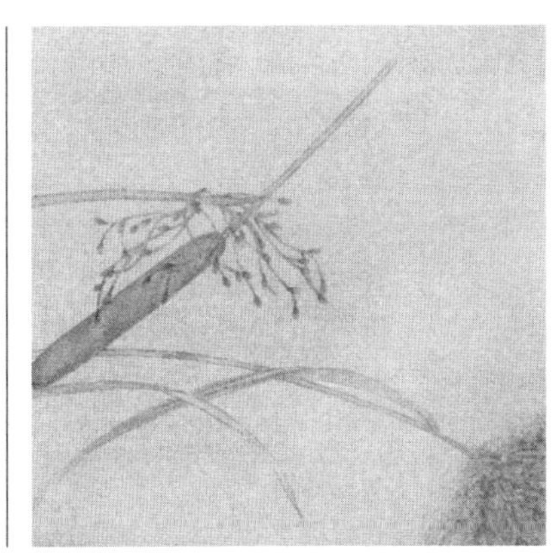

卷六

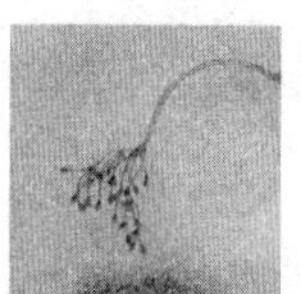

彭天锡串戏[①]

彭天锡串戏妙天下，然出出皆有传头[②]，未尝一字杜撰。曾以一出戏，延其人至家，费数十金者，家业十万缘手而尽。三春多在西湖，曾五至绍兴，到余家串戏五六十场，而穷其技不尽。

天锡多扮丑、净[③]，千古之奸雄佞幸[④]，经天锡之心肝而愈狠，借天锡之面目而愈刁，出天锡之口角而愈险。设身处地，恐纣之恶不如是之甚也[⑤]。皱眉视眼，实实腹中有剑，笑里有刀，鬼气杀机，阴森可畏。盖天锡一肚皮书史，一肚皮山川，一肚皮机械[⑥]，一肚皮磊砢不平之气[⑦]，无地发泄，特于是发泄之耳。

余尝见一出好戏，恨不得法锦包裹[⑧]，传之不朽；尝比之天上一夜好月，与得火候一杯好茶，只可供一刻受用，其实珍惜之不尽也。桓子野见山水佳处[⑨]，辄呼"奈何！奈何！"[⑩]真有无可奈何者，口说不出。

【注释】

①串戏：演戏。

②传头：来历，根据。

③丑、净：戏曲的两种角色行当。

④佞幸：靠阿谀奉承得到君主宠幸的奸臣。

⑤纣：纣王。名辛，商朝的最后一位国君，因残暴昏庸而亡国。

⑥机械：机巧。

⑦磊砢（lěi luǒ）：郁结在心中的不平之气。

⑧法锦：西南少数民族地区所产的一种丝织品。

⑨桓子野：桓伊（？—约383），字叔夏，小字子野，谯郡铚（今安徽宿县西南）人。历任淮南太守、豫州刺史、江州刺史。擅长音乐。

⑩奈何：语出《世说新语》："桓子野每闻清歌，辄唤：'奈何！'谢公闻之曰：'子野可谓一往有深情。'"

【简评】

人家演戏是为了挣钱，这位彭天锡则因此而破家，何以如此？太喜爱、太敬业了。为了学一出戏，不惜花费重金，十万家业因此而尽。下这样的大功夫，演出水平之高也就可以想见。

目莲戏[①]

余蕴叔演武场搭一大台，选徽州旌阳戏子[②]，剽轻精悍[③]、能相扑跌打者三四十人，搬演目莲，凡三日三夜。四围女台百什座，戏子献技台上，如度索舞絙[④]、翻桌翻梯、觔斗蜻蜓、蹬坛蹬臼、跳索跳圈，窜火窜剑之类，大非情理。凡天神地祇、牛头马面、鬼母丧门、夜叉罗刹、锯磨鼎镬、刀山寒冰、剑树森罗、铁城血澥，一似吴道子《地狱变相》[⑤]，为之费纸札者万钱，人心惴惴，灯下面皆鬼色。戏中套数，如《招五方恶鬼》《刘氏逃棚》等剧，万余人齐声呐喊。熊太守谓是海寇卒至[⑥]，惊起，差衙官侦问，余叔自往复之，乃安。台成，叔走笔书二对。一曰："果证幽明[⑦]，看善善恶恶随形答响，到底来那个能逃？道通昼夜，任生生死死换姓移名，下场去此人还在。"一曰："装神扮鬼，愚蠢的心下惊慌，怕当真也是如此。成佛作祖，聪明人眼底忽略，临了时还待怎生？”真是以戏说法。

【注释】

①目莲：又称目犍连、摩诃目犍连、目连。出身于婆罗门，皈依佛教，是释迦牟尼十大弟子之一。传说其母死后堕入饿鬼道，目莲以神力得脱母亲苦难。目莲戏以此为题材，在民间有着广泛的流传和影响。

②旌阳戏子：对旌阳艺人的俗称。旌阳即今安徽旌德，明代属宁国府，与徽州毗邻。旌阳艺人或参加徽州戏班，或与徽州艺人联合演出，故当时有“徽州旌阳戏子”之称。

③剽轻精悍：身体强壮、灵活。

④絙（gēng）：粗绳。

⑤变相：根据佛经的内容所绘的图像，多绘在石窟、寺院墙壁上或纸帛上。

⑥熊太守：熊鸣岐，江西丰城人，万历三十五年（1607）进士。当时任绍兴知府，辑有《昭代王章》。

⑦幽明：指生与死，阴间与阳间。

【简评】

观众齐声呐喊，竟然达到惊动官府的程度，仅此一端，不难想象当时目莲戏演出的盛况。

甘文台炉

香炉贵适用，尤贵耐火。三代青绿[①]，见火即败坏，哥、汝窑亦如之[②]。便用便火，莫如宣炉[③]。然近日宣铜一炉价百四五十金[④]，焉能办之？北铸如施银匠亦佳，但粗夯可厌[⑤]。

苏州甘回子文台[⑥]，其拨蜡范沙[⑦]，深心有法，而烧铜色等分两，与宣铜款致分毫无二，俱可乱真⑧，然其与人不同者，尤在铜料。甘文台以回回教门不崇佛法⑨，乌斯藏渗金佛⑩，见即锤碎之，不介意，故其铜质不特与宣铜等，而有时实胜之。甘文台自言佛像遭劫已七百尊有奇矣。余曰："使回回国别有地狱，则可。"

【注释】

①三代青绿：夏商周时期的青铜器。

②哥窑：宋代五大名窑之一，以纹片精美而闻名，仿古铜器形制，多为陈设瓷器。作者《夜航船》一书亦有解释："哥窑：宋时处州章生一与弟章生二皆作窑器。哥窑比弟窑色稍白，而断纹多，号白级碎，曰哥窑，为世所珍。"汝窑：宋代五大名窑之首，以玛瑙入釉，色泽温润柔和，如羊脂玉，极为精美。作者《夜航船》一书亦有解释："汝窑：宋以定州白瓷有芒不堪用，遂命于汝州造青色诸器，冠绝邓、耀二州。"

③宣炉：宣德炉。明宣德年间铸造的一种铜质香炉。

④宣铜：作者《夜航船》一书有解释："宣铜：宣德年间三殿火灾，金银铜熔作一块，堆垛如山。宣宗发内库所藏古窑器，对临其款，铸为香炉、花瓶之类，妙绝古今，传为世宝。"

⑤粗夯：粗糙。

⑥回子：回族人。

⑦拨蜡范沙：铸造香炉、金属印章或人像的一种方法。先雕刻蜡模，外面用泥做范，然后再熔金属注入泥范。

⑧乱真：仿造得很像，让人难辨真伪。

⑨回回教：即回教，系伊斯兰教在中国的旧称。

⑩乌斯藏：明时对西藏的称呼。渗（shèn）：混合、渗杂。

【简评】

甘文台毁掉佛像是为了造香炉，人们买他的香炉是为了烧香拜佛，真是奇妙而有趣的循环逻辑。

绍兴灯景

绍兴灯景为海内所夸者无他，竹贱、灯贱、烛贱。贱，故家家可为之；贱，故家家以不能灯为耻。故自庄逵以至穷檐曲巷[①]，无不灯、无不棚者。棚以二竿竹搭过桥，中横一竹，挂雪灯一[②]，灯球六[③]。大街以百计，小巷以十计。从巷口回视巷内，复迭堆垛，鲜妍飘洒，亦足动人。十字街搭木棚，挂大灯一，俗曰“呆灯”，画《四书》《千家诗》故事，或写灯谜，环立猜射之。庵堂寺观以木架作柱灯及门额，写“庆赏元宵”“与民同乐”等字。佛前红纸荷花琉璃百盏，以佛图灯带间之，熊熊煜煜[④]。庙门前高台鼓吹，五夜市廛，如横街轩亭、会稽县西桥，闾里相约，故盛其灯，更于其地斗狮子灯，鼓吹弹唱，施放烟火，挤挤杂杂。小街曲巷有空地，则跳大头和尚，锣鼓声错，处处有人团簇看之。城中妇女多相率步行，往闹处看灯；否则，大家小户杂坐门前，吃瓜子、糖豆，看往来士女，午夜方散。乡村夫妇多在白日进城，乔乔画画[⑤]，东穿西走，曰“钻灯棚”，曰“走灯桥”。天晴，无日无之。万历间，父叔辈于龙山放灯，称盛事，而年来有效之者。次年，朱相国家放灯塔山[⑥]。再次年，放灯蕺山[⑦]。蕺山以小户效颦，用竹棚，多挂纸魁星灯。有轻薄子作口号嘲之曰：“蕺山灯景实堪夸，箭篠芋头挂夜叉[⑧]。若问搭彩是何物，手巾脚布神袍纱。”由今思之，亦是不恶。

【注释】

①庄逵：大路。穷檐：茅舍，破屋。

②雪灯：用雪制作的灯。

③灯球：一种圆形的灯。

④熊熊煜煜：灯火辉煌的样子。

⑤乔乔画画：打扮得花枝招展、漂漂亮亮的样子。

⑥朱相国：朱赓，详见本书卷三《朱文懿家桂》。塔山：又名怪山、龟山，在今浙江绍兴，与府山、蕺山鼎足而立。因山上有应天塔，故名。

⑦蕺（jí）山：又名王家山，在今浙江绍兴。蕺即蕺草，也称岑草，因山中多产此草，故名。

⑧箶篠（hú xiǎo）：细竹。

【简评】

民俗节庆的吸引力正在于此，每个人都不是旁观者，富人有富人的玩法，穷人有穷人的乐趣，连僧人都可以参加进来，如此热闹、祥和的景象让人感到温暖。

韵　山

大父至老，手不释卷，斋头亦喜书画、瓶几布设。不数日，翻阅搜讨，尘堆砚表，卷帙正倒参差。常从尘砚中磨墨一方，头眼入于纸笔，潦草作书生家蝇头细字。日晡向晦，则携卷出帘外，就天光爇烛，檠高光不到纸[①]，辄倚几携书就灯，与光俱颊[②]，每至夜分，不以为疲。

常恨《韵府群玉》[③]《五车韵瑞》寒俭可笑[④]，意欲广之。乃博采群书，用淮南大、小山义[⑤]，摘其事曰《大山》，摘其语曰《小山》，事语已详本韵而偶寄他韵下曰《他山》，脍炙人口者曰《残山》，总名之曰《韵山》。小字襞积[⑥]，烟煤残楮，厚如砖块者三百余本。一韵积至十余本，《韵府》《五车》不啻千倍之矣。正欲成帙，胡仪部青莲携其尊人所出中秘书⑦，名《永乐大典》者，与《韵山》正相类，大帙三十余本，一韵中之一字犹不尽焉。大父见而太息曰："书囊无尽，精卫衔石填海⑧，所得几何！"遂辍笔而止。以三十年之精神，使为别书，其博洽应不在王弇州、杨升庵下⑨。今此书再加三十年，亦不能成，纵成亦力不能刻。笔冢如山⑩，只堪覆甏⑪，余深惜之。丙戌兵乱⑫，余载往九里山，藏之藏经阁，以待后人。

【注释】

①檠（qíng）：灯架。

②頫（fǔ）：低头、俯看。

③《韵府群玉》：古代韵书，元人阴时夫著。全书共二十卷，分韵一百零六部，摘录典故、词汇，隶于各韵之下。

④《五车韵瑞》：古代韵书。明人凌稚隆著。该书仿阴时夫《韵府群玉》而成，共一百六十卷，分经、史、子、集、杂五部。

⑤大、小山：大山、小山，典出王逸《楚辞章句·招隐士序》："昔淮南王安博雅好古，招怀天下俊伟之士。自八公之徒，咸慕其德而归其仁，各竭才智，著作篇章，分造辞赋，以类相从，故或称小山，或称大山，其义犹《诗》有小雅、大雅也。"

⑥襞（bì）积：重叠、堆积，这里是说书上的字密密麻麻。

⑦胡仪部青莲：仪部，礼部主事及郎中的别称。胡青莲：胡敬辰，字直卿，号青莲，余姚人。天启二年（1622）进士，历任江西驿传道、光禄寺录事。著有《檀雪斋集》。尊人：父亲，即胡敬辰的父亲胡维新（1534—1606），字云屏，嘉靖三十八年（1559）进士。历任江西巡按御史、扬州推官、陕西布政使司右参政。中秘书：掌管宫廷藏书的机构。

⑧精卫衔石填海：古代神话故事，语出《山海经》卷三《北山经》："北二百里，曰发鸠之山，其上多柘木，有鸟焉，其状如乌，文首，白

喙，赤足，名曰精卫，其鸣自詨。是炎帝之少女，名曰女娃。女娃游于东海，溺而不返，故为精卫，常衔西山之木石，以堙于东海。”

⑨王弇州：王世贞，号弇州山人。杨升庵：杨慎（1488—1559），字用修，号升庵。新都（今四川成都新都区）人。正德六年（1511）状元，历任翰林院修撰、经筵讲官。以诗文名于世，著有《升庵集》等。

⑩笔冢：典出唐李肇《唐国史补》：“长沙僧怀素好草书，自言得草圣三昧，弃笔堆积，埋于山下，号曰笔冢。”

⑪覆甓：当为覆瓿，指书没有发挥其价值。

⑫丙戌：顺治三年（1646）。

【简评】

作者在《诗韵确序》一文中也曾说到祖父的这部《韵山》，并谈及自己对诗韵的看法：“一韵之中，只有数字可用，余皆奇险幽僻，诗中摒弃不用者，多可删去。总之，用险韵决无好诗，查《韵府》必多累句。”

天童寺僧[1]

戊寅[2]，同秦一生诣天童访金粟和尚[3]。至山门，见万工池绿净可鉴须眉，旁有大锅覆地，问僧，僧曰：“天童山有龙藏，龙常下饮池水，故此水刍秽不入。正德间[4]，二龙斗，寺僧五六百人撞钟鼓撼之，龙怒，扫寺成白地，锅其遗也。”入大殿，宏丽庄严。折入方丈，通名刺。老和尚见人便打，曰“棒喝”。余坐方丈，老和尚迟迟出，二侍者执杖、执如意先导之，南向立，曰：“老和尚出。”又曰：“怎么行礼？”盖官长见者皆下拜，无抗礼，余屹立不动，老和尚下行宾主礼。侍者又曰：“老和尚怎么坐？”余又屹立不动，老和尚肃余坐。坐定，余曰：“二生门外汉，不知佛理，亦不知佛法，望老和尚慈悲，明白开示。勿劳棒喝，勿落机锋，只求如家常白话，老实商量，求个下落。”老和尚首肯余言，导余随喜⑤。早晚斋方丈，敬礼特甚。余遍观寺中僧匠千五百人，俱舂者、碓者⑥、磨者、甑者、汲者、爨者、锯者、劈者、菜者、饭者，狰狞急遽，大似吴道子一幅《地狱变相》。老和尚规矩严肃，常自起撞人，不止“棒喝”。

【注释】

①天童寺：在今浙江宁波，始建于西晋永康元年（300），有东南佛国之称，为我国五大丛林之一。

②戊寅：崇祯十一年（1638）。

③天童：天童山，在浙江宁波。作者在《夜航船》一书中有介绍：“天童山：在鄞县。晋僧义兴卓锡于此，有童子给役薪水，久之辞去，曰：‘吾太白神也，上帝命侍左右。’言讫不见。遂名太白山，又名天童山。”金粟和尚：园悟，字觉初，号密云，明代高僧。俗姓蒋，宜兴人。历主金粟、天童诸寺。其在金粟寺时影响较大，信徒尊称其为“金粟和尚”。

④正德：明武宗朱厚照年号，1506年至1521年。

⑤随喜：游览寺院。

⑥碓（duì）：一种舂米的设备。

【简评】

作者在《快园道古》一书中也记载了他去天童寺的情景：“天童老和尚开堂说法，多以棒喝加人，手执拄杖，逢人便打。四方进香者以银钱供养，谓见活佛，痛哭悲号，求其超度。陶庵至其寺，调笑老和尚曰：‘曾见戏场上狱卒两句上场白，好赠和尚。’老和尚曰：‘怎么说？’陶庵曰：‘手执无情棍，怀揣滴泪钱。’老和尚大笑。”可为本文之补充。

水浒牌[①]

古貌、古服、古兜鍪[②]、古铠胄[③]、古器械，章侯自写其所学所问已耳，而辄呼之曰宋江，曰吴用，而宋江、吴用亦无不应者，以英雄忠义之气，郁郁芊芊[④]，积于笔墨间也。周孔嘉丐余促章侯[⑤]，孔嘉丐之，余促之，凡四阅月而成。余为作缘起曰：

"余友章侯，才足掞天[⑥]，笔能泣鬼。昌谷道上，婢囊呕血之诗[⑦]；兰渚寺中，僧秘开花之字[⑧]。兼之力开画苑，遂能目无古人，有索必酬，无求不与。既蠲郭恕先之癖[⑨]，喜周贾耘老之贫[⑩]，画《水浒》四十人，为孔嘉八口计，遂使宋江兄弟，复睹汉官威仪。伯益考著《山海》遗经[⑪]，兽毯鸟氄[⑫]，皆拾为千古奇文；吴道子画《地狱变相》，青面獠牙，尽化作一团清气。收掌付双荷叶，能月继三石米，致二斗酒，不妨持赠[⑬]；珍重如柳河东[⑭]，必日灌蔷薇露，薰玉蕤香[⑮]，方许解观。非敢阿私，愿公同好。"

【注释】

①水浒牌：水浒叶子，即一种有陈洪绶所绘水浒人物的酒牌，作酒筹、酒令之用。作者写有《水浒牌四十八人赞》，可参看。

②兜鍪（dōu móu）：古代士兵作战时所戴的头盔。

③铠胄：铠甲。

④郁郁芊芊（qiān qiān）：气盛的样子。

⑤周孔嘉：作者好友，作者曾在《越山五佚记》一文中提及："天启五年，姑苏周孔嘉僦居于轩亭之北，余每至其家，剧谈竟日。"丐：请求。

⑥掞（yàn）：原指火焰，这里是照耀的意思。

⑦“昌谷道上”句：典出李商隐《李长吉小传》：“李贺恒从小奚奴，骑距驴，背一古破锦囊，遇有所得，即书投囊中。及暮归，太夫人使婢受囊出之，见所书多，辄曰：‘是儿要当呕出心乃已尔。’”

⑧“兰渚寺中“句：据何延之《兰亭记》记载，王羲之《兰亭序》传至后人智永，智永再付弟子辨才。辨才珍藏，秘不示人。唐太宗求之不得，派萧翼设计骗走。作者《夜航船》一书亦有介绍：“兰亭真本：王右军写《兰亭记》，韵媚遒劲，谓有神助。后再书数十余帧，俱不及初本。右军传于徽之，徽之传七世孙智永，智永传弟子辨才，辨才被御史萧翼赚入库内，殉葬昭陵。”开花之字：典出张怀瓘《书议》：“王献之若风行雨散，润色开花，笔法体势之中最为风流者也。”另据作者《古兰亭辨》一文云：“兰亭真本，辨才死守，什袭藏之，不许人见。后被萧翼赚出，走至半途，袖中偷看，遍地花开。”

⑨斸：彰显。郭恕先：郭忠恕（？—977），字恕先，又字国宝，洛阳（今河南洛阳）人。曾任宗正丞兼国子书学博士、国子监主簿。擅长丹青，传世之作有《雪霁江行图》等。

⑩贾耘：贾收，号耘老，乌程（今浙江湖州）人。曾得到苏轼的周济。

⑪伯益考著《山海》遗经：作者《夜航船》一书有介绍：“金简玉字：大禹登宛委山，发石匮，得金简玉字之书，言治水之要，周行天下。伯益记之为《山海经》。”

⑫氄（rǒng）：绒毛。

⑬“收掌付双荷叶”句：语出苏轼《答贾耘老四首》之四：“念贾处士贫甚，无以慰其意，乃为作怪石古木一纸，每遇饥时，辄以开看，还能饱人否？若吴兴有好事者，能为君月致米三石，酒三斗，终君之世者，便以赠之。不尔者，可令双荷叶收掌，须添丁长，以付之也。”

⑭柳河东：柳宗元（773—819），字子厚，河东（今山西永济）人。历任县尉、监察御史、永州司马、柳州刺史等。唐代古文运动的发起者，

也是唐宋八大家之一。著有《柳河东集》。

⑮蔷薇露、玉蕤香：典出后唐冯贽《云仙杂记·玉蕤香》：“《好事集》曰：‘柳宗元得韩愈所寄诗，先以蔷薇露灌手，熏以玉蕤香，然后发读，曰：大雅之文，正当如是’”。蔷薇露：蔷薇水，俗称花露水，一种香水名。南唐张泌《妆楼记·蔷薇水》：“周显德五年，昆明国献蔷薇水十五瓶，云得自西域，以洒衣，衣敝而香不灭。”宋蔡绦《铁围山丛谈》卷五：“旧说蔷薇水乃外国采蔷薇花上露水，殆不然，实用白金为甑，采蔷薇花蒸汽成水，则屡采屡蒸，积而为香，此所以不败。”

【简评】

作者慧心妙笔，为好友画作生色不少。

陈洪绶曾称赞作者“才大气刚，志远学博”。

烟雨楼[①]

嘉兴人开口烟雨楼，天下笑之，然烟雨楼故自佳。楼襟对莺泽湖[②]，涳涳濛濛，时带雨意，长芦高柳，能与湖为浅深。

湖多精舫，美人航之，载书画茶酒，与客期于烟雨楼。客至，则载之去，舣舟于烟波缥缈。态度幽闲，茗炉相对，意之所安，经旬不返。舟中有所需，则逸出宣公桥、甪里街[③]，果蓏蔬鲜，法膳琼苏[④]，咄嗟立办[⑤]，旋即归航。柳湾桃坞，痴迷伫想，若遇仙缘，洒然言别，不落姓氏。间有倩女离魂[⑥]，文君新寡[⑦]，亦效颦为之。淫靡之事，出以风韵，习俗之恶，愈出愈奇。

【注释】

①烟雨楼：在今浙江嘉兴南湖湖心岛上。始建于五代，位置在湖滨，楼名由诗人杜牧诗句“南朝四百八十寺，多少楼台烟雨中”而来。明嘉

靖二十七年，嘉兴知府赵瀛填南湖成湖心岛，在岛上依原貌重建烟雨楼。登楼远望，南湖一带秀美风光，尽收眼底。

②襟（jīn）：襟在衣服之前，这里代指前面。莺泽湖：即南湖，原名滮湖、马场湖，又叫东湖，在今浙江嘉兴。

③宣公桥：在嘉兴城东，相传为唐宰相陆贽所建。该桥于1969年拆除，今已不存。宣公：陆贽（754—805），字敬舆，谥宣公。嘉兴（今浙江嘉兴）人。唐代宗大历年间进士，历任翰林学士、中书舍人、中书侍郎平章事等。著有《翰苑集》等。甪（lù）里街：原名甪里坊，在嘉兴城东。

④法膳：帝王所用膳食，这里泛指美味佳肴。琼苏：古美酒名，这里泛指美酒。

⑤咄嗟：立即，霎时。

⑥倩女离魂：典出唐陈玄祐小说《离魂记》，写张倩娘与表兄王宙相爱，但父亲将其另许他人。倩娘魂魄离开躯体，与王宙结为夫妻。后世许多戏曲以此为题材。

⑦文君新寡：卓文君丧夫后，与司马相如相恋，两人私奔到成都。典出《西京杂记》卷二："司马相如初与卓文君还成都，居贫愁懑，以所着鹔鹴裘就市人阳昌贳酒，与文君为欢。既而文君抱颈而泣曰：'我平生富足，今乃以衣裘贳酒。'遂相与谋，于成都卖酒。相如亲着犊鼻裈涤器，以耻王孙。王孙果以为病，乃厚给文君。文君遂为富人。文君姣好，眉色如望远山。脸际常若芙蓉，肌肤柔滑如脂。十七而寡，为人放诞风流，故悦长卿之才而越礼焉。长卿素有消渴疾，及还成都，悦文君之色，遂以发痼疾。乃作美人赋，欲以自刺，而终不能改，卒以此疾至死。文君为诔，传于世。"

【简评】

祁豸佳曾称赞作者"笔具化工"，说其记游之文有"一种空灵晶映之气，寻其笔墨，又一无所有"，本文正体现了这一特点。

朱氏收藏

朱氏家藏，如龙尾觥、合卺杯，雕镂锲刻，真属鬼工，世不再见。余如秦铜汉玉、周鼎商彝、哥窑倭漆[①]、厂盒宣炉[②]、法书名画、晋帖唐琴，所畜之多，与分宜埒富[③]，时人讥之。余谓博洽好古，犹是文人韵事。风雅之列，不黜曹瞒[④]；鉴赏之家，尚存秋壑[⑤]。诗文书画未尝不抬举古人，恒恐子孙效尤，以袖攫石、攫金银以赚田宅，豪夺巧取，未免有累盛德。闻昔年朱氏子孙，有欲卖尽“坐朝问道”四号田者，余外祖兰风先生谑之曰：“你只管坐朝问道，怎不管垂拱平章？”[⑥]一时传为佳话。

【注释】

①倭漆：日本漆。作者《夜航船》一书有介绍：“倭漆：漆器之妙，无过日本。宣德皇帝差杨瑄往日本教习数年，精其技艺。故宣德漆器比日本等精。”

②厂盒：一种漆盒。作者《夜航船》一书有介绍：“厂盒：古延厂永乐年间所造，重枝叠叶，坚若珊瑚，稍带沉色。新厂宣德年间所造，雕镂极细，色若朱砂，鲜艳无比。有蒸饼式、甘蔗节二种，愈小愈妙，享价极重。”

③分宜：严嵩，因其为江西分宜人，故称。埒（liè）：相等、相当。

④曹瞒：曹操（155—220），字孟德，小名阿瞒，沛国谯县（今安徽亳州）人。三国时期政治家、军事家，著有《魏武帝集》。作者在《西湖梦寻》一书中亦谈及曹操、贾似道风雅鉴赏事：“余尝谓曹操、贾似道千古奸雄，乃诗文中之有曹孟德，书画中之有贾秋壑，觉其罪业滔天，减却一半。方晓诗文书画，乃能忏悔恶人如此。凡人一窍尚通，可不加

意诗文，留心书画哉？”

⑤秋壑：贾似道（1213—1275），字师宪，号秋壑。台州（今浙江天台）人。嘉熙二年（1238）进士，历任江州知州、同知枢密院事、右丞相等，著有《奇奇集》《悦生堂随钞》《促织经》等。作者在《西湖梦寻》一书中亦有介绍：“贾秋壑为误国奸人，其于山水书画古董，凡经其鉴赏，无不精妙。”

⑥坐朝问道、垂拱平章：贤君端坐朝堂，探讨治国之道；群臣垂衣拱手，一起共商国是。语出《千字文》：“坐朝问道，垂拱平章。爱育黎首，臣伏戎羌。”系由《尚书·武成》“谆信明义，崇德报功，垂拱而天下治”及《尚书·尧典》中的“九族既睦，平章百姓”等语演变而来。由于《千字文》十分普及，影响深远，后世常用《千字文》的文字顺序来计数，一些商贾、店铺的账簿，地主的田地、书卷的编号，甚至连科举考试的试卷页码，都采用《千字文》的字序来编排。

【简评】

该文最后所谈田产之事，作者在《快园道古》一书中亦有记载：“朱文懿当国，其子纳言石门广置田宅。居近南门，凡南门外坐朝问道四号田欲买尽无遗，巧取豪夺，略无虚日。外祖陶兰风先生谑之曰：‘石门你只管坐朝问道，却忘了垂拱平章。’”但一为“卖尽”，一为“买尽”，一字之差，文义迥别。

仲叔古董

葆生叔少从渭阳游①，遂精赏鉴。得白定炉、哥窑瓶、官窑酒匜②，项墨林以五百金售之③，辞曰：“留以殉葬。”

癸卯④，道淮上。有铁梨木天然几⑤，长丈六、阔三尺，滑泽坚润，非常理。淮抚李三才百五十金不能得[6]，仲叔以二百金得之，解维遽去。淮抚大恚怒，差兵蹑之，不及而返。

庚戌[7]，得石璞三十斤，取日下水涤之，石罅中光射如鹦哥祖母[8]，知是水碧[9]，仲叔大喜。募玉工仿朱氏龙尾觥一，合卺杯一，享价三千，其余片屑寸皮，皆成异宝。仲叔赢资巨万，收藏日富。

戊辰后[10]，倅姑熟[11]，倅姑苏[12]，寻令盟津[13]。河南为铜薮，所得铜器盈数车，美人觚一种[14]，大小十五六枚，青绿彻骨，如翡翠，如鬼眼青，有不可正视之者。归之燕客，一日失之，或是龙藏收去[15]。

【注释】

①渭阳：朱敬循，号渭阳。

②白定炉：定窑所烧的一种瓷器。作者《夜航船》一书有介绍："定窑：有白定、花定，制极质朴，其色呆白，毫无火气。"官窑：宋代官廷自建瓷窑，烧造瓷器，故称。作者《夜航船》一书有介绍："官窑：宋政和间，汴京置窑，章生二造青色，纯粹如玉，虽亚于汝，亦为世所珍。"酒匜（yí）：酒器。

③项墨林：项元汴（1525—1590），字子京，号墨林山人，又号香岩居士、退密斋主人。浙江嘉兴人。收藏书画颇富，精于鉴赏。售：购买，求购。

④癸卯：万历三十一年（1603）。

⑤铁梨木：又名愈疮木，一种常绿乔木，质地坚韧，多用于制作家具、造船。

⑥李三才（？—1623）：字道甫，号修吾。陕西临潼人。万历二年（1574）进士，曾任淮阳巡抚。

⑦庚戌：万历三十八年（1610）。

⑧罅（xià）：缝隙。鹦哥祖母：即鹦哥绿、祖母绿，一种十分名贵

的绿色翡翠。作者在《夜航船》一书亦有解释："祖母绿：亦宝石。绿如鹦哥毛，其光四射，远近看之，则闪烁变幻，武将上阵，取以饰盔，使射者目眩，箭不能中。"此外作者还写有《小美人觚铭》，其序云："二酉叔收藏。汉铜小美人觚，长尺有三寸，半截花纹，浑身翡翠。"

⑨水碧：又名紫晶，一种稀见的水晶。

⑩戊辰：崇祯元年（1628）。

⑪姑熟：在今安徽当涂。

⑫姑苏：苏州的别称，因城西南有姑苏山而得名。

⑬盟津：即孟津。古黄河渡口名，在今河南孟津东北、孟县西南。

⑭美人觚：一种商周时期的细腰酒器。作者在《夜航船》一书中有介绍："三代铜：花觚入土千年，青绿彻骨，以细腰美人觚为第一，有全花、半花，花纹全者身段瘦小，价至数百。"

⑮龙藏：龙臧，龙宫。

【简评】

那位淮抚李三才为了一块石头，竟然调动军队，真是太夸张了。幸亏他的官不大，只能在自己的辖区撒撒野，否则，作者的叔父可就吃不了兜着走了。

噱社

仲叔善诙谐，在京师与漏仲容[①]、沈虎臣[②]、韩求仲辈结"噱社"[③]，唼喋数言[④]，必绝缨喷饭[⑤]。

漏仲容为贴括名士[⑥]，常曰："吾辈老年读书做文字，与少年不同。少年读书，如快刀切物，眼光逼注，皆在行墨空处，一过辄了。老年如以指头掐字，掐得一个，只是一个，掐得不着时，只是白地。少年做文字，白眼看天，一篇现成文字挂在天上，顷刻下来，刷入纸上，一刷便完。老年如恶心呕吐，以手挖入齿哕出之⑦，出亦无多，总是渣秽⑧。”此是格言，非止谐语。

一日，韩求仲与仲叔同宴一客，欲连名速之⑨，仲叔曰：“我长求仲⑩，则我名应在求仲前，但缀绳头于如拳之上，则是细注在前，白文在后，那有此理！”人皆失笑。沈虎臣出语尤尖巧。仲叔候座师收一帽套，此日严寒，沈虎臣嘲之曰：“座主已收帽套去，此地空余帽套头。帽套一去不复返，此头千载冷悠悠。”其滑稽多类此。

【注释】

①漏仲容：漏坦之，字仲容，山阴（今浙江绍兴）人。

②沈虎臣：沈德符（1578—1642），字景倩，又字虎臣、景伯，浙江秀水（今嘉兴）人，万历四十六年（1618）举人。著有《万历野获编》《清权堂集》《敝帚轩剩语》等。

③韩求仲：韩敬，字简与、求仲，号止修，浙江归安（今吴兴）人。万历三十八年（1610）状元。

④唼喋（shà dié）：聚集在一起说话。

⑤绝缨：这里指大家在一起不拘形迹，十分随便。

⑥帖括：八股文。

⑦哕（yuě）：呕吐。

⑧渣秽：渣滓，污秽之物。

⑨速：邀请。

⑩长（zhǎng）：年龄大。

【简评】

漏仲容对少年、老人读书、做文章特点的概括，用语俚俗却不失精当，可谓语糙理不糙，正如作者所言，“此是格言，非止谐语”。

鲁府松棚

报国寺松[①]，蔓引亸委[②]，已入藤理。入其下者，蹒跚局蹐，气不得舒。鲁府旧邸二松，高丈五，上及檐甃[③]，劲竿如蛇脊，屈曲撑距，意色酣怒，鳞爪拿攫，义不受制，鬣起针针，怒张如戟。旧府呼"松棚"，故松之意态情理无不棚之。便殿三楹盘郁殆遍，暗不通天，密不通雨。鲁宪王晚年好道，尝取松肘一节，抱与同卧，久则滑泽酣酡[④]，似有血气。

【注释】

①报国寺：在今北京市西城区，始建于辽代，后多次重修。

②亸（duǒ）委：盘曲下垂的样子。

③檐甃（zhòu）：屋檐。

④酣酡（tuó）：像醉酒后脸红一样的颜色。

【简评】

鲁府松棚奇，这位鲁王更奇，不知道练的哪门子的功法，天天抱着一段松树睡觉，而且还睡得"滑泽酣酡"。

作者另写有《兖州鲁府松棚歌》一诗，可参看。

一尺雪

一尺雪为芍药异种，余于兖州见之[①]。花瓣纯白，无须萼，无檀心[②]，无星星红紫，洁如羊脂，细如鹤翮[③]，结楼吐舌，粉艳

雪腴。上下四旁，方三尺，干小而弱，力不能支，蕊大如芙蓉，辄缚一小架扶之。大江以南，有其名无其种，有其种无其土，盖非兖勿易见之也。

兖州种芍药者如种麦，以邻以亩[④]。花时宴客，棚于路、彩于门、衣于壁、障于屏、缀于帘、簪于席、茵于阶者，毕用之，日费数千勿惜。余昔在兖，友人日剪数百朵送寓所，堆垛狼藉，真无法处之。

【注释】

①兖州：今山东兖州。

②檀心：淡红色的花蕊。

③翮（hé）：羽茎。

④以邻以亩：指种芍药的田地一块连一块。

【简评】

“种芍药者如种麦”，一语写尽当日兖州芍药盛况。

菊　海

兖州张氏期余看菊[①]，去城五里。余至其园，尽其所为园者而折旋之[②]，又尽其所不尽为园者而周旋之，绝不见一菊，异之。移时，主人导至一苍莽空地[③]，有苇厂三间[④]，肃余入[⑤]，遍观之，不敢以菊言，真菊海也。厂三面，砌坛三层，以菊之高下高下之。花大如瓷瓯，无不球，无不甲，无不金银荷花瓣，色鲜艳，异凡本，而翠叶层层，无一早脱者。此是天道，是土力，是人工，缺一不可焉。

兖州缙绅家风气袭王府，赏菊之日，其桌、其炕、其灯、其炉、其盘、其盒、其盆盎、其肴器、其杯盘大觥、其壶、其帏、其褥、其酒、其面食、其衣服花样，无不菊者。夜烧烛照之，蒸蒸烘染，较日色更浮出数层。席散，撤苇帘以受繁露[6]。

【注释】

①期：相约，约定。

②折旋：来来回回地走一遍。

③苍莽：无边无际的样子。这里指空地面积很大。

④苇厂：用芦苇所搭的棚子。

⑤肃：恭候，迎接。

⑥繁露：露水。

【简评】

以“菊海”为题，极为贴切。

曹　山[1]

万历甲辰[2]，大父游曹山，大张乐于狮子岩下[3]。石梁先生戏作山君檄讨大父[4]，祖昭明太子语[5]，谓若以管弦污我岩壑。大父作檄骂之，有曰：“谁云鬼刻神镂，竟是残山剩水[6]！”石篑先生嗤石梁曰[7]：“文人也，那得犯其锋，不若自认，以‘残山剩水’四字摩崖勒之。”先辈之引重如此。

曹石宕为外祖放生池[8]，积三十余年，放生几百千万，有见池中放光如万炬烛天，鱼虾荇藻附之而起，直达天河者。余少时从先宜人至曹山庵作佛事，以大竹篰贮西瓜四[9]，浸宕内。须臾，大声起岩下，水喷起十余丈，三小舟缆断，颠翻波中，冲击几碎。舟人急起视，见大鱼如舟，口欱四瓜[10]，掉尾而下。

【注释】

①曹山，在今浙江绍兴，为吼山五大景区之一。作者《越山五佚记》一文有详细介绍，可参看。

②万历甲辰：即万历三十二年（1604）。

③张乐：置乐，奏乐。

④石梁先生：陶奭龄（？—1640），字君奭，又字公望，号石梁、小柴桑老，会稽（今浙江绍兴）人。他是王阳明的三传弟子，著有《歇庵集附录》等。

⑤昭明太子：萧统（501—531），字德施，谥昭明，故称昭明太子。梁武帝长子，天监元年立为皇太子。曾聚集门下文学之士，编集《文选》。

⑥残山剩水：这里指人工堆砌的假山及开凿的池塘。

⑦石篑先生：陶望龄，系陶奭龄之兄。

⑧放生：一种佛教仪式，以释放鱼鸟等动物的形式进行，旨在戒杀，劝人多行善事。很多寺庙建有放生池。

⑨篰（bù）：竹篓。

⑩欱（hē）：吮吸。

【简评】

张汝霖与陶氏兄弟玩笑事，作者在《快园道古》一书中亦有记载：“先大父携声伎往游曹山，陶石梁作《山君檄》讨之，有曰‘尔以丝竹，秽我山灵’。大父作《曹山判》曰：‘谁云鬼刻神镂，竟是残山剩水。’陶司成见之，谓石梁曰：‘文人也，可犯其锋？不若自认。’乃磨崖镌此四字。”另外《越山五佚记》一文亦载其事，可参看。

齐景公墓花樽[①]

霞头沈佥事宦游时[②]，有发掘齐景公墓者，迹之，得铜豆三[③]，大花樽二。豆朴素无奇。花樽高三尺，束腰拱起，口方而敞，四面戟楞，花纹兽面，粗细得款，自是三代法物。归乾阳刘太公[④]，余见赏识之，太公取与严，一介不敢请。及宦粤西，外母归余斋头[⑤]，余拂拭之，为发异光。取浸梅花，贮水，汗下如雨，逾刻始收，花谢结子，大如雀卵。余藏之两年，太公归自粤西，稽复之，余恐伤外母意，亟归之。后为驵侩所啖[⑥]，竟以百金售去，可惜。今闻在歙县某氏家庙。

【注释】

①齐景公，春秋时期齐国国君，名姜杵臼。其墓地在今山东淄博。其周围有殉马坑。樽（zūn）：古代一种盛酒的器皿。

②沈佥事：沈錬（1507—1557），字纯甫，号青霞，会稽（今浙江绍兴）人。嘉靖十七年（1538）进士。著有《青霞集》。佥事：官名。

③豆：古代用来盛肉或其他食品的器皿，形状像高脚盘。

④乾阳刘太公：刘毅（1559—1618），字健甫，号乾阳。万历十七年（1589）进士，历任刑部主事、广西布政使。他是作者妻子刘氏的祖父。

⑤外母：岳母，即作者的岳母王氏。

⑥驵侩所啖：驵侩，市场经纪人，啖：利诱，引诱。

【简评】

可惜了这对花樽，不知今在何处。

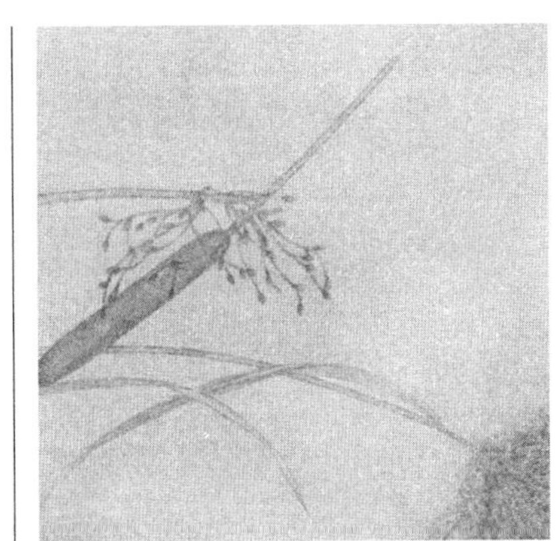

卷七

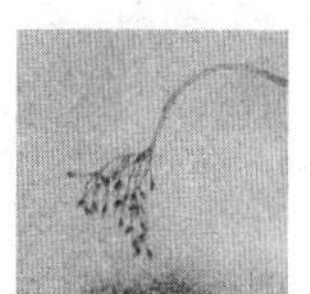

西湖香市[1]

西湖香市，起于花朝[2]，尽于端午。山东进香普陀者日至，嘉、湖进香天竺者日至[3]，至则与湖之人市焉，故曰香市。然进香之人市于三天竺，市于岳王坟，市于湖心亭，市于陆宣公祠[4]，无不市，而独凑集于昭庆寺[5]。昭庆两廊故无日不市者，三代八朝之骨董，蛮夷闽貊之珍异[6]，皆集焉。

至香市，则殿中边甬道上下、池左右、山门内外，有屋则摊，无屋则厂，厂外又棚，棚外又摊，节节寸寸。凡胭脂簪珥、牙尺剪刀[7]，以至经典木鱼、伢儿嬉具之类[8]，无不集。

此时春暖，桃柳明媚，鼓吹清和，岸无留船，寓无留客，肆无留酿。袁石公所谓“山色如娥，花光如颊，波纹如绫，温风如酒”，已画出西湖三月。而此以香客杂来，光景又别。士女闲都，不胜其村妆野妇之乔画[9]；芳兰芗泽，不胜其合香芫荽之薰蒸[10]；丝竹管弦，不胜其摇鼓欱笙之聒帐[11]；鼎彝光怪，不胜其泥人竹马之行情；宋元名画，不胜其湖景佛图之纸贵[12]。如逃如逐，如奔如追，撩扑不开，牵挽不住。数百十万男男女女、老老少少，日簇拥于寺之前后左右者，凡四阅月方罢。恐大江以东，断无此二地矣。

崇祯庚辰三月[13]，昭庆寺火。是岁及辛巳、壬午洊饥[14]，民强半饿死。壬午虏鲠山东[15]，香客断绝，无有至者，市遂废。

辛巳夏，余在西湖，但见城中饿殍舁出，扛挽相属。时杭州刘太守梦谦[16]，汴梁人，乡里抽丰者多寓西湖[17]，日以民词馈送。有轻薄子改古诗诮之曰："山不青山楼不楼，西湖歌舞一时休。暖风吹得死人臭，还把杭州送汴州。"[18]可作西湖实录。

【注释】

①香市：又叫庙市、庙会，一种民间习俗。寺庙在进香季节设立买卖香物、杂物等集市，故名。

②花朝：花朝节，又称花神节。民间传统节日，其中中原、西南地区以农历二月初二为花朝日，江南、东北地区则以二月十五为花朝日。

③嘉、湖：嘉兴、湖州。

④陆宣公祠：在西湖孤山山麓。作者《西湖梦寻》一书亦有介绍："孤山何以祠陆宣公也？盖自陆少保炳为世宗乳母之子，揽权怙宠，自谓系出宣公，创祠祀之。规制宏厂，吞吐湖山。台榭之盛，概湖无比。"

⑤昭庆寺：在西湖宝石山东。对其情况，作者在《西湖梦寻》一书有详细介绍："昭庆寺，自狮子峰、屯霞石发脉，堪舆家谓之火龙。石晋元年始创，毁于钱氏乾德五年。宋太平兴国元年重建，立戒坛。天禧初，改名昭庆。是岁又火。迨明洪武至成化，凡修而火者再。四年奉敕再建，廉访杨继宗监修，有湖州富民应募，輦万金来。殿宇室庐，颇极壮丽。嘉靖三十四年以倭乱，恐贼据为巢，遽火之。事平再造，遂用堪舆家说，辟除民舍，使寺门见水，以厌火灾。隆庆三年复毁。万历十七年，司礼监太监孙隆以织造助建，悬幢列鼎，绝盛一时。而两庑栉比，皆市廛精肆，奇货可居。春时有香市，与南海、天竺、山东香客及乡村妇女儿童，往来交易，人声嘈杂，舌敝耳聋，抵夏方止。崇祯十三年又火，烟焰障天，湖水为赤。及至清初，踵事增华，戒坛整肃，较之前代，尤更庄严。一说建寺时，为钱武肃王八十大寿，寺僧圆净订缁流古朴、天香、胜莲、胜林、慈受、慈云等，结莲社，诵经放生，为王祝寿。每月朔，登坛设戒，居民行香礼佛，以昭王之功德，因名昭庆。今以古德诸号，即为

房名。”

⑥三代八朝：三代为夏、商、周三个朝代的合称。八朝为汉、魏、晋、宋、齐、梁、陈、隋八个朝代的合称。蛮夷闽貊（mò）：泛指少数民族。

⑦牙尺：用象牙做的尺子。

⑧ 伢（yá）儿：吴语中对小孩子的称呼。

⑨乔画：浓妆艳抹，精心打扮。

⑩合香：当即苏合香，一种乔木，原产小亚细亚。其树脂可提制苏合香油，用作香精中的定香剂。芫荽：（yán suī ）：通称香菜，一种草本植物，茎、叶有特殊香气，其果实圆形，可用来做香料，也可入药。

⑪聒（guō）帐：通宵宴饮，管弦齐奏的热闹景象。语出宋敏求《春明退朝录》卷下：“终日沉饮，听郑卫之声，与胡乐合奏，自昏彻旦，谓之聒帐。”

⑫佛图：即“浮图”“浮屠”，佛寺或佛塔。

⑬崇祯庚辰：即崇祯十三年（1640）。

⑭辛巳、壬午：即崇祯十四年（1641）、十五年（1642）。洊（jiàn）饥：连年饥荒。

⑮虏：清兵。鲠：堵塞、隔绝。

⑯刘太守梦谦：刘梦谦，罗山（今河南罗山）人。崇祯七年（1634）进士，自崇祯十一年（1638）任杭州知府。

⑰抽丰：又称“秋风”，指利用各种关系和借口向别人索取财物。

⑱“山不青山楼不楼”句：原诗歌为南宋林升《题临安邸》：“山外青山楼外楼，西湖歌舞几时休。暖风熏得游人醉，直把杭州作汴州。”

【简评】

香市的繁华喧闹，反衬出日后衰落萧条的凄凉，鲜明的反差透出一种沧桑之感。

一个城市的衰落显然不能归结为一场火灾或饥荒，作者最后有关刘太守的描写颇有深意，天灾固然可怕，人祸更为致命。

鹿苑寺方柿[①]

萧山方柿[②]，皮绿者不佳，皮红而肉糜烂者不佳，必树头红而坚脆如藕者，方称绝品。然间遇之，不多得。余向言西瓜生于六月，享尽天福；秋白梨生于秋，方柿、绿柿生于冬，未免失候。

丙戌[③]，余避兵西白山[④]，鹿苑寺前后有夏方柿十数株。六月歊暑[⑤]，柿大如瓜，生脆如咀冰嚼雪，目为之明，但无法制之，则涩勒不可入口。土人以桑叶煎汤，候冷，加盐少许，入瓮内，浸柿没其颈，隔二宿取食，鲜磊异常。余食萧山柿多涩，请赠以此法。

【注释】

①方柿：一种柿子品种，形状呈方形，果型较大。

②萧山：今浙江萧山。

③丙戌：顺治三年（1646）。

④西白山：在今浙江嵊州西。鹿苑寺有二，一为上鹿苑寺，一为下鹿苑寺，皆建于南朝宋元嘉年间，本文所写为下鹿苑寺。

⑤歊（xiāo）暑：酷暑、炎热。

【简评】

作者《和贫士》诗七首小序曾写到其避兵西白山的情况：“丙戌九月九日，避兵西白山中，风雨凄然，午炊不继，乃和靖节《贫士》诗七首，寄剡中诸弟子。”与本文对读，可见作者当时生活的另一面。

西湖七月半

西湖七月半，一无可看，止可看看七月半之人。看七月半之人，以五类看之。其一，楼船萧鼓，峨冠盛筵，灯火优傒[①]，声光相乱，名为看月而实不见月者，看之。其一，亦船亦楼，名娃闺秀，携及童娈[②]，笑啼杂之，环坐露台[③]，左右盼望，身在月下而实不看月者，看之。其一，亦船亦声歌，名妓闲僧，浅斟低唱，弱管轻丝，竹肉相发[④]，亦在月下，亦看月，而欲人看其看月者，看之。其一，不舟不车，不衫不帻[⑤]，酒醉饭饱，呼群三五，跻入人丛，昭庆、断桥，嘄呼嘈杂[⑥]，装假醉，唱无腔曲，月亦看，看月者亦看，不看月者亦看，而实无一看者，看之。其一，小船轻幌，净几暖炉，茶铛旋煮[⑦]，素瓷静递，好友佳人，邀月同坐，或匿影树下，或逃嚣里湖，看月而人不见其看月之态，亦不作意看月者，看之。

杭人游湖，巳出酉归[⑧]，避月如仇，是夕好名，逐队争出，多犒门军酒钱[⑨]，轿夫擎燎，列俟岸上。一入舟，速舟子急放断桥，赶入胜会。以故二鼓以前，人声鼓吹，如沸如撼，如魇如呓[⑩]，如聋如哑，大船小船，一齐凑岸，一无所见，止见篙击篙，舟触舟，肩摩肩，面看面而已。少刻兴尽，官府席散，皂隶喝道去，轿夫叫船上人，怖以关门，灯笼火把如列星，一一簇拥而去。岸上人亦逐队赶门，渐稀渐薄，顷刻散尽矣。

吾辈始舣舟近岸，断桥石磴始凉[⑪]，席其上，呼客纵饮。此时，月如镜新磨，山复整妆，湖复颒面[⑫]。向之浅斟低唱者出，匿影树下者亦出，吾辈往通声气，拉与同坐。韵友来，名妓至，杯箸安，竹肉发。月色苍凉，东方将白，客方散去。吾辈纵舟，酣睡于十里荷花之中，香气拍人，清梦甚惬。

【注释】

①优傒：歌妓、奴仆。

②童娈：容貌姣好的少年。

③露台：楼船上供赏景或休息用的平台。

④竹肉相发：箫笛声伴着歌唱声。

⑤不衫不帻（zé）：不穿长衫，不戴头巾，指穿戴很随意的样子。

⑥嘄（jiào）呼：大呼小叫，乱喊乱叫。

⑦茶铛（chēng）：一种煮茶用的小锅。

⑧巳：巳时，上午九点到十一点。酉：酉时，下午五点到七点。

⑨犒（kào）：用酒食或财物犒赏、慰劳。门军：把守城门的军士。

⑩魇（yǎn）：梦中惊叫。呓：说梦话。

⑪磴（dèng）：石头台阶。

⑫颒（huì）：同“靧”，洗脸。这里指湖面清澈明净。

【简评】

不看西湖，而看看西湖之人，作者眼光独具。

及时雨[1]

壬申七月[2]，村村祷雨，日日扮潮神海鬼，争唾之。余里中扮《水浒》，且曰：画《水浒》者，龙眠、松雪近章侯[3]，总不如施耐庵[4]，但如其面勿黛，如其髭勿鬣[5]，如其兜鍪勿纸[6]，如其刀杖勿树，如其传勿杜撰，勿戈阳腔[7]，则十得八九矣。于是分头四出，寻黑矮汉，寻梢长大汉[8]，寻头陀[9]，寻胖大和尚，寻茁壮妇人，寻姣长妇人，寻青面，寻歪头，寻赤须，寻美髯，寻黑大汉，寻赤脸长须，大索城中。无则之郭、之村、之山僻、之邻府州县，用重价聘之，得三十六人。梁山泊好汉，个个呵活[10]，臻臻至至[11]，人马称娖而行[12]，观者兜截遮拦，直欲看杀卫玠[13]。

五雪叔归自广陵[14]，多购法锦宫缎，从以台阁者八：雷部六，大士一，龙宫一，华重美都，见者目夺气亦夺。盖自有台阁，有其华无其重，有其美无其都，有其华重美都，无其思致，无其文理。轻薄子有言："不替他谦了也，事事精办。"

季祖南华老人喃喃怪问余曰："《水浒》与祷雨有何义味近？余山盗起，迎盗何为耶？"余俯首思之，果诞而无谓，徐应之曰[15]："有之。天罡尽，以宿太尉殿焉[16]。用大牌六，书'奉旨招安'者二，书'风调雨顺'者一，'盗息民安'者一，更大书'及时雨'者二，前导之。"观者欢喜赞叹，老人亦匿笑而去。

【注释】

①及时雨：小说《水浒传》中梁山头领宋江的绰号。

②壬申：崇祯五年（1632）。

③龙眠：李公麟（1049—1106），字伯时，号龙眠居士。庐州舒城（今安徽桐城）人。熙宁三年（1070）进士。历任中书门下省删定官、御史检法、朝奉郎等。以绘画名于世。松雪：赵孟頫（1254—1322），字子昂，号松雪道人、水晶道人，吴兴（今浙江湖州）人。官至翰林院学士承旨、荣禄大夫。多才多艺，以书法、绘画名于世。

④施耐庵：《水浒传》的作者。

⑤髭：胡须。鬣：马、狮子的鬃毛。

⑥兜鍪：头盔。

⑦弋阳腔：一种戏曲声腔，与海盐腔、昆山腔、余姚腔并称四大声腔。起源于江西弋阳一带，后在北京、南京、湖南等地流行。

⑧梢长：身材高大。

⑨头陀：云游化缘的僧人。

⑩呵活：活灵活现。

⑪臻臻至至：人数很多的样子。

⑫称娖（chuò）：队列整齐一致。

⑬卫玠（285—312）：字叔宝。西晋时人。相貌出众，据说他外出时，人们纷纷夹道观看。

⑭五雪：张炯芳，系作者季祖张汝懋之子。

⑮徐：缓慢。

⑯宿太尉：宿远景，小说《水浒传》中人物，曾奉旨到梁山招安众好汉。

【简评】

梁山众好汉竟然还有求雨本领，令人眼界大开，施耐庵当初创作这部小说时，恐怕也没想到这一层。

山艇子①

龙山自巘花阁而西皆骨立[2]，得其一节，亦尽名家。山艇子石，意尤孤孑，壁立霞剥，义不受土。大樟徙其上，石不容也，然不恨石，屈而下，与石相亲疏。石方广三丈，右坳而凹，非竹则尽矣，何以浅深乎石。然竹怪甚，能孤行，实不藉石[3]。竹节促而虬叶毰毸[4]，如猬毛、如松狗尾，离离矗矗[5]，捎捩攒挤[6]，若有所惊者。竹不可一世，不敢以竹二之。

或曰：古今错刀也。或曰：竹生石上，土肤浅，蚀其根，故轮囷盘郁[7]，如黄山上松。山艇子樟，始之石，中之竹，终之楼，意长楼不得竟其长，故艇之。然伤于贪，特特向石，石意反不之属，使去丈而楼，壁出樟出，竹亦尽出。竹石间意，在以淡远取之。

【注释】

①山艇子：绍兴龙山西南一处地名，作者年轻时曾在此处的书院里读书。艇：小船。

②巘花阁：详见本书卷八《巘花阁》。巘（yǎn）：山峰。骨立：比喻山石嶙峋。

③藉（jiè）：凭借。

④毨毨（xiǎn）：叶子整齐的样子。

⑤离离矗矗：浓密挺拔的样子。

⑥捩（liè）：扭转、转动。

⑦轮囷（qūn）：弯曲、回旋的样子。

【简评】

奇石怪竹，天然生成，透出一种孤傲的精神和气质。在这样的环境中读书，作者自然会受到启迪和熏陶。

悬杪亭

余六岁随先君子读书于悬杪亭[①]，记在一峭壁之下，木石撑距，不藉尺土，飞阁虚堂，延骈如栉。缘崖而上，皆灌木高柯，与檐甃相错。取杜审言“树杪玉堂悬”句[②]，名之“悬杪”，度索寻樟，大有奇致。后仲叔庐其崖下，信堪舆家言[③]，谓碍其龙脉[④]，百计购之，一夜徒去，鞠为茂草[⑤]。儿时怡寄，常梦寐寻往。

【注释】

①先君子：去世的父亲。

②“杜审言‘树杪玉堂悬’”句：杜审言（645—708），字必简，巩县（今河南巩县）人。咸进士及第，历任隰城尉、著作佐郎、膳部员外郎、国子监主簿、修文馆直学士。杜甫祖父，著有《杜审言集》。“树杪玉堂悬”句：语出《蓬莱三殿侍宴奉敕咏终南山》：北斗挂城边，南山倚殿前。云标金阙回，树杪玉堂悬。半岭通佳气，中峰绕瑞烟。小臣持献寿，长此戴尧天。”

③堪舆家：风水先生，靠相地、看风水为生的人。

④龙脉：风水术语，指那些出过帝王、贵人，或能够安葬帝王、贵人，护佑王室、贵人后裔的地方。

⑤鞠（jū）为茂草：语出《诗经》：“踧踧周道，鞠为茂草。”指杂草丛生，衰败荒芜的景象。鞠，通“鞫”，尽，皆。

【简评】

亭子虽然不见了，儿时的美好回忆则长留心底。

雷　殿①

雷殿在龙山磨盘冈下，钱武肃王于此建蓬莱阁②，有断碣在焉③。殿前石台高爽，乔木潇疏。六月，月从南来，树不蔽月。余每浴后拉秦一生、石田上人、平子辈坐台上④，乘凉风，携肴核，饮香雪酒，剥鸡豆，啜乌龙井水，水凉冽激齿。下午着人投西瓜浸之，夜剖食，寒栗逼人，可雠三伏⑤。林中多鹘，闻人声辄惊起，磔磔云霄间⑥，半日不得下。

【注释】

①雷殿：雷公殿，在绍兴龙山磨盘冈下。

②钱武肃王：钱镠（852—932），字具美，一作巨美，谥武肃。钱塘临安（今浙江临安）人。唐末节度使，后建立吴越国。蓬莱阁：祁彪佳《越中园亭记》："钱王镠建。因元稹有'谪居犹得近蓬莱'句。"

③碣：碑石。

④上人：对僧人的尊称。

⑤雠（chóu）：应对、对付。

⑥磔磔（zhé）：鸟叫的声音。

【简评】

钱武肃王的蓬莱阁竟然成为夏天乘凉的好去处，时光使一切不可能成为可能。

龙山雪

天启六年十二月[①]，大雪深三尺许。晚霁，余登龙山，坐上城隍庙山门[②]，李岕生、高眉生、王畹生、马小卿、潘小妃侍。万山载雪，明月薄之，月不能光，雪皆呆白。坐久清冽，苍头送酒至，余勉强举大觥敌寒[③]，酒气冉冉，积雪欱之，竟不得醉。马小卿唱曲，李岕生吹洞箫和之，声为寒威所慑，咽涩不得出。三鼓归寝。马小卿、潘小妃相抱从百步街旋滚而下，直至山趾[④]，浴雪而立。余坐一小羊头车[⑤]，拖冰凌而归。

【注释】

①天启六年：即 1626 年。

②城隍庙：在今浙江绍兴龙山山顶，为纪念唐越州总管庞玉而建。

③觥（gōng）：酒杯。

④山趾（zhǐ）：山脚。

⑤羊头车：一种独轮小车。

【简评】

作者好雅兴。

庞公池[1]

庞公池岁不得船，况夜船，况看月而船。自余读书山艇子，辄留小舟于池中，月夜，夜夜出，缘城至北海坂，往返可五里，盘旋其中。山后人家，闭门高卧，不见灯火，悄悄冥冥，意颇凄恻。余设凉簟，卧舟中看月，小傒船头唱曲，醉梦相杂，声声渐远，月亦渐淡，嗒然睡去[2]。歌终忽寤，含糊赞之，寻复鼾齁[3]。小傒亦呵欠歪斜，互相枕藉。舟子回船到岸，篙啄丁丁[4]，促起就寝。此时胸中浩浩落落，并无芥蒂，一枕黑甜[5]，高春始起[6]，不晓世间何物谓之忧愁。

【注释】

①庞公池：又名王公池、西园，位于龙山西麓，在今绍兴城内。

②嗒（dā）然：悄悄。

③鼾齁（hān hōu）：熟睡时打呼噜。

④啄：鸟用嘴取食或叩击东西，这里是敲击的意思。

⑤黑甜：酣睡。

⑥高舂（chōng）：黄昏、傍晚。依据文意，此处为太阳升起的意思。

【简评】

“不晓世间何物谓之忧愁”，这也是一种境界。

品山堂鱼宕[1]

二十年前强半住众香国[2]，日进城市，夜必出之。品山堂孤松箕踞[3]，岸帻入水[4]。池广三亩，莲花起岸，莲房以百以千，鲜磊可喜。新雨过，收叶上荷珠煮酒，香扑烈。

门外鱼宕，横亘三百余亩，多种菱芡。小菱如姜芽，辄采食之，嫩如莲实，香似建兰，无味可匹。深秋，橘奴饱霜[5]，非个个红绽，不轻下剪。季冬观鱼，鱼艓千余艘，鳞次比栉，罱者夹之[6]，罛者扣之[7]，簎者罨之[8]，罾者撒之[9]，罩者抑之，罜者举之[10]，水皆泥泛，浊如土浆。鱼入网者圉圉[11]，漏网者唅唅，寸鲵纤鳞[12]，无不毕出。集舟分鱼，鱼税三百余斤，赤鮸白肚[13]，满载而归。约吾昆弟，烹鲜剧饮，竟日方散。

【注释】

①鱼宕：鱼荡，用以养鱼的池塘或浅水湖。

②众香国：为作者父亲张耀芳所建园林。祁彪佳《越中园亭记》有载："张长公大涤君开园中堰，以'品山'名其堂，盖千岩万壑至此俱披襟相对，恣我月旦耳。季真半曲，方干一岛，映带左右，鉴湖最胜处也。"

③箕踞：指坐时两脚伸直叉开，形似簸箕。

④岸帻：推起头巾，露出前额，洒脱、随意的样子，这里指松树的形态。

⑤橘奴：柑橘，橘子。

⑥罱（lǎn）：一种用来夹鱼的工具。

⑦罛（gū）：大渔网。

⑧簎（cè）：用叉刺鱼。罨（yǎn）：撒网捕鱼。

⑨罥（xuǎn）：渔网。

⑩罣（guà）：同“挂”。

⑪圉圉（yǔ）：不舒展，不自在。

⑫鲵（ní）：这里泛指鱼。

⑬䱷（yú）：同“鱼”。

【简评】

一方水土养一方人，言语之间，可见作者故土情深。

松化石[①]

松化石，大父昇自潇江署中[②]。石在江口神祠，土人割牲飨神[③]，以毛血洒石上为恭敬，血渍毛毵[④]，几不见石。大父舁入署，亲自祓濯[⑤]，呼为“石丈”，有《松化石纪》。今弃阶下，载花缸，不称使。余嫌其轮囷臃肿[⑥]，失松理，不若董文简家茁错二松橛，节理槎枒[⑦]，皮断犹附，视此更胜。大父石上磨崖，铭之曰：“尔昔鬣而鼓兮，松也；尔今脱而骨兮，石也；尔形可使代兮，贞勿易也。尔视余笑兮，莫余逆也。”其见宝如此。

【注释】

①松化石：作者在《夜航船》一书中有介绍：“松化石：松树至五百年，一夜风雷，化为石质，其树皮松节，毫忽不爽。唐道士马自然指延真观松，当化为石，一夕果化。”

②潇江署：永州的官署。潇江，潇水，为湘江支流，源自湖南宁远南九嶷山，至零陵西北入湘水。零陵为永州府治。

③土人：当地人、本地人。

④毵（sān）：毛发散乱的样子。

⑤祓濯（fú zhuó）：清除污垢。

⑥轮囷：弯曲、不伸展的样子。

⑦槎（chá）枒：错杂、参差不齐的样子。

【简评】

一件物品的价值主要取决于人的需要和态度。

闰中秋

崇祯七年闰中秋[①]，仿虎丘故事[②]，会各友于蕺山亭[③]。每友携斗酒、五簋、十蔬果、红毡一床，席地鳞次坐。缘山七十余床，衰童塌妓，无席无之。在席者七百余人，能歌者百余人，同声唱"澄湖万顷"[④]，声如潮涌，山为雷动。诸酒徒轰饮，酒行如泉。夜深客饥，借戒珠寺斋僧大锅[⑤]，煮饭饭客，长年以大桶担饭不继[⑥]。命小傒芥竹、楚烟于山亭演剧十余出，妙入情理，拥观者千人，无蚊虻声，四鼓方散[⑦]。月光泼地如水，人在月中，濯濯如新出浴。夜半，白云冉冉起脚下，前山俱失，香炉、鹅鼻、天柱诸峰[⑧]，仅露髻尖而已[⑨]，米家山雪景仿佛见之[⑩]。

【注释】

①崇祯七年：1634 年。

②虎丘故事：指苏州人中秋夜在虎丘赏月的习俗。

③蕺山亭：为旧时绍兴山阴、会稽两县的状元亭，凡考中状元者，将名字刻于亭柱。蕺山：在绍兴城内。传说越王勾践败于吴国后，曾在此采蕺草而食，故名。

④澄湖万顷："澄湖万顷"句来自梁辰鱼《浣纱记》第三十出《采

莲》之《念奴娇序》："澄湖万顷，见花攒锦绣，平铺十里红妆。夹岸风来宛转处，微度衣袂生凉。摇飏，百队兰舟，千群画桨，中流争放采莲舫。(合) 惟愿取双双缱绻，长学鸳鸯。"

⑤戒珠寺：在今浙江绍兴西街。原为王羲之旧宅，原名安昌寺，唐大中年间改称戒珠寺，现存墨池、山门、大殿和东厢房。

⑥长年：长工。

⑦四鼓：四更。

⑧鹅鼻：鹅鼻山，又名峨眉山、刻石山，在绍兴南。天柱：天柱山，又名宛委山、石匮山、玉笥山，在绍兴东南。

⑨髻 (jì) 尖：山头。髻，梳在头顶的发结。

⑩米家山：宋代米芾、米友仁父子善画山水，自成一格，后人遂称其父子所作山水画为"米家山"或"米家山水"。

【简评】

七百多人一起聚饮唱曲、赏月，仿虎丘中秋夜而自有特色。

愚公谷[1]

无锡去县北五里为铭山[2]。进桥，店在左岸，店精雅，卖泉酒、水坛、花缸、宜兴罐、风炉、盆盎、泥人等货。愚公谷在惠山右，屋半倾圮，惟存木石。惠水涓涓[3]，由井之涧，由涧之溪，由溪之池、之厨、之湢[4]，以涤、以濯、以灌园、以沐浴、以净溺器，无不惠山泉者，故居园者福德与罪孽正等。

愚公先生交游遍天下，名公巨卿多就之，歌儿舞女、绮席华筵、诗文字画，无不虚往实归。名士清客至则留，留则款[5]，款则饯，饯则赆[6]。以故愚公之用钱如水，天下人至今称之不少衰。

愚公文人，其园亭实有思致文理者为之，磥石为垣，编柴为户，堂不层不庑，树不配不行[7]。堂之南，高槐古朴，树皆合抱，茂叶繁柯，阴森满院。藕花一塘，隔岸数石，治而卧。土墙生苔，如山脚到涧边，不记在人间。园东逼墙一台，外瞰寺，老柳卧墙角而不让台，台遂不尽瞰，与他园花树故故为亭台、意特特为园者不同。

【注释】

①愚公谷：在今江苏无锡锡惠公园内，原为惠山寺僧人居所，名听泉山房。至明代邹迪光在此建造园林，取柳宗元《愚溪诗序》一文中愚溪、愚丘之意，称其为愚公谷。详情参见邹迪光《愚公谷乘》一文。

②铭山：又名锡山，在今无锡市西，与惠山相连。

③惠水：惠山泉水。

④湢（bì）：浴室。

⑤款：热情款待。

⑥赆（jìn）：赠给别人的路费或礼物。

⑦行（hǎng）：行列。

【简评】

愚公先生邹迪光能成为丹青妙手，并非偶然，观其庭园可知。

定海水操[1]

定海演武场在招宝山海岸[2]。水操用大战船、唬船[3]、蒙冲[4]、斗舰数千余艘[5]，杂以鱼艓轻艬[6]，来往如织。舳舻相隔[7]，呼吸难通，以表语目，以鼓语耳，截击要遮，尺寸不爽[8]。健儿瞭望，猿蹲桅斗，哨见敌船，从斗上掷身腾空溺水，破浪冲涛，顷刻到岸，走报中军，又踍跃入水，轻如鱼凫。水操尤奇在夜战，旌旗干橹皆挂一小镫[⑨]，青布幕之，画角一声，万蜡齐举，火光映射，影又倍之。招宝山凭槛俯视，如烹斗煮星，釜汤正沸。火炮轰裂，如风雨晦冥中电光翕焱[⑩]，使人不敢正视。又如雷斧断崖石，下坠不测之渊，观者褫魄[⑪]。

【注释】

①定海：即今浙江定海。

②招宝山：又名候涛山、鳌柱山。在今浙江镇海东北，南临港口，形势险要，明代筑城戍守。

③唬船：又叫叭唬船。明代闽、浙一带水军使用的小型战船。

④蒙冲：一种古代战船。用生牛皮蒙船覆背，两边开掣棹孔，左右设有弩窗、矛穴。

⑤斗舰：一种大型战船。

⑥鱼艓轻艭：指轻便小船。

⑦舳舻（zhú lú）：船头、船尾的合称。

⑧爽：差错。

⑨镫（dēng）：灯。

⑩翕焱（yàn）：火光闪烁，光芒四射。

⑪褫（chǐ）魄：失魂落魄、惊慌失措的样子。

【简评】

无论是规模还是声势，定海水操都颇为壮观。既然有如此强大的水军，大明王朝何以会灭亡得如此之快？

阿育王寺舍利[①]

阿育王寺，梵宇深静，阶前老松八九棵，森罗有古色。殿隔山门远，烟光树樾，摄入山门，望空视明，冰凉晶沁。右旋至方丈门外，有娑罗二株，高插霄汉。便殿供旃檀佛[②]，中储一铜塔，铜色甚古，万历间慈圣皇太后所赐[③]，藏舍利子塔也[④]。舍利子常放光，琉璃五彩，百道迸裂，出塔缝中，岁三四见。凡人瞻礼舍利，随人因缘现诸色相。如墨墨无所见者[⑤]，是人必死。昔湛和尚至寺，亦不见舍利，而是年死。屡有验。

次早，日光初曙，僧导余礼佛，开铜塔，一紫檀佛龛供一小塔，如笔筒，六角，非木非楮，非皮非漆，上下皾皲定[⑥]，四围镂刻花楞梵字[⑦]。舍利子悬塔顶，下垂摇摇不定，人透眼光入楞内，复视眼上视舍利，辨其形状。余初见三珠连络如牟尼串[⑧]，煜煜有光。余复下顶礼，求见形相，再视之，见一白衣观音小像，眉目分明，鬗鬘皆见[⑨]。秦一生反复视之，讫无所见，一生遑遽，面发赤，出涕而去。一生果以是年八月死，奇验若此。

【注释】

①阿育王寺：在今浙江宁波鄞州阿育王山。东晋义熙元年（405），为保护舍利始建。梁武帝普通三年（522），兴建殿堂楼阁，并赐寺名为“阿育王寺”。寺内保存许多碑碣、石刻以及经藏古籍等珍贵文物。阿育王，古印度摩揭陀国孔雀王朝的国王，公元前268年至前232年在位。后皈依佛教，在印度广建寺塔，派僧人四处传教。舍利：舍利子。释迦牟尼遗体火焚时形成的珠状物。后亦指高僧火化后剩下的骨烬。

②旃檀：檀香木。

③慈圣皇太后：明神宗的生母李氏，原为宫女。

④舍利子塔：作者《夜航船》一书有介绍："舍利塔：《说苑》：阿育王所造释迦真身舍利塔，见于明州鄞县。太宗命取舍利，度开宝寺地，造浮屠十一级以藏之。"

⑤墨墨：昏暗、看不清的样子。

⑥瞶（mái）：覆盖。

⑦梵字：古代印度所通行的文字。

⑧牟尼：摩尼，宝珠，这里泛指佛珠。

⑨鬋鬘（jiǎn mán）：鬓毛，额发。

【简评】

文中所写舍利灵验之事，似乎有些残酷，看到的人固然感到庆幸，看不到的人未免受到打击太大，比如那位秦一生，可以想象他当时绝望沮丧的神情，这未必符合佛教慈悲为怀的精神。不如将舍利密封起来，让大家虔诚礼拜就是，何必弄成简单的算命仪式，给人带来额外的痛苦。

过剑门[①]

南曲中[②]，妓以串戏为韵事[③]，性命以之[④]。杨元、杨能、顾眉生、李十、董白以戏名，属姚简叔期余观剧。傒僮下午唱《西楼》[⑤]，夜则自串。傒僮为兴化大班，余旧伶马小卿、陆子云在焉，加意唱七出戏，至更定，曲中大咤异。杨元走鬼房问小卿曰[⑥]："今日戏，气色大异，何也？"小卿曰："坐上坐者余主人。主人精赏鉴，延师课戏，童手指千[⑦]，傒僮到其家谓'过剑门'，焉敢草草！"杨元始来物色余。《西楼》不及完，串《教子》。顾眉生：周羽；杨元；周娘子，杨能：周瑞隆[8]。杨元胆怯肤栗，不能出声，眼眼相觑，渠欲讨好不能[9]，余欲献媚不得，持久之，伺便喝采一二，杨元始放胆，戏亦遂发。嗣后曲中戏，必以余为导师，余不至，虽夜分不开台也。以余而长声价，以余长声价之人而后长余声价者，多有之。

【注释】

①剑门：剑门关，在四川剑阁大剑山口。大剑山中断处，两崖相对如门，故名“剑门”。这里以过剑门来形容作者精于赏鉴，演员很难得到其认可。

②南曲中：南京地区的青楼、妓院。

③串戏：演戏。

④性命以之：用自己的性命去演戏，意思是演得十分认真、投入。

⑤西楼：即《西楼记》，作者为张岱好友袁于令，写书生于鹃与妓女穆素徽之间的爱情故事。

⑥鬼房：演员化妆使用的房间。

⑦童手指千：语出《汉书》：“童手指千，筋角丹沙千斤。”指人数多。

⑧“串《教子》。……周瑞隆”句：以上出目及人物皆出自《寻亲记》，作者王錂，写秀才周羽悲欢离合事。《教子》为该剧第二十五出。周羽、周娘子、周瑞隆皆剧中人物。

⑨渠：其，他。

【简评】

作者精通戏曲，并非偶然，据《绍兴府志·张岱传》记载：“岱累世通显，服食豪侈，畜梨园数部，日聚诸名士度曲征歌。”

冰山记

魏珰败[①]，好事作传奇十数本，多失实，余为删改之，仍名《冰山》[②]。城隍庙扬台，观者数万人，台址鳞比，挤至大门外。一人上，白曰："某杨涟。"[③]□□谇嚓曰[④]："杨涟！杨涟！"声达外，如潮涌，人人皆如之。杖范元白[⑤]，逼死裕妃[⑥]，怒气忿涌，噤断嚄唶[⑦]。至颜佩韦击杀缇骑[⑧]，嗥呼跳蹴，汹汹崩屋。沈青霞缚稾人射相嵩[⑨]，以为笑乐，不是过也。

是秋，携之至兖，为大人寿。一日，宴守道刘半舫[⑩]，半舫曰："此剧已十得八九，惜不及内操菊宴、及逼灵犀与囊收数事耳。"余闻之，是夜席散，余填词，督小傒强记之。次日，至道署搬演，已增入七出，如半舫言。半舫大骇异，知余所构，遂诣大人，与余定交。

【注释】

①魏珰：指宦官魏忠贤。

②冰山：《冰山记》，陈开泰撰，祁彪佳《远山堂曲品》称其"传时事而不牵曼，正是炼局之法。但对口白极忌太文，便不脱学究气"，作者据以删改的当为此剧。原剧及作者删改本皆已失传。

③杨涟（1571—1625）：字文孺，号大洪。湖广应山（今湖北广水）人。万历三十五年（1607）进士，历任常熟知县、给事中、兵科都给事中、左副都御史等，因弹劾魏忠贤被诬陷，惨死狱中。著有《杨忠烈公文集》。

④谇嚓（suì chá）：小声传话。

⑤范元白：作者在《古今义烈传自序》中作"杖杀万燝"。万燝，

字闇夫，一字元白，南昌人，万历四十四年（1616）进士，历任刑部、工部主事。据《明史》记载，万熼上书弹劾魏忠贤，“忠贤大怒，矫旨廷杖一百，斥为民”，“乃命群奄至熼邸，捽而殴之，比至阙下，气息才属。杖已，绝而复苏。群奄更肆蹴踏，越四日即卒”。

⑥裕妃：天启皇帝的妃子张氏，天启三年（1623）被册封为裕妃，因受宠幸怀孕，遭到客氏、魏忠贤忌恨，被陷害致死。

⑦嚄唶（huò zè）：叫嚷、呼喊。

⑧颜佩韦：苏州市民。魏忠贤屡兴大狱，打击东林党人，逮捕周顺昌时，苏州市民进行反抗，打死一名旗尉。后朝廷追究，颜佩韦等五人挺身投案，英勇就义。缇骑：锦衣卫校尉。

⑨沈青霞缚槀人射相嵩：据《明史》记载：沈鍊因得罪严嵩而被贬，他“缚草为人，象李林甫、秦桧及嵩，醉则聚子弟攒射之”。沈青霞：沈鍊，号青霞。嵩：权臣严嵩。

⑩刘半舫：刘荣嗣（1570—1638），字敬仲，号简斋，别号半舫。河北曲周人。万历四十四年（1616）进士，历任户部主事、吏部主事，顺天府尹、工部尚书等。为人正直，不依附阉党，著有《半舫集》《简斋集》等。

【简评】

作者在《古今义烈传自序》一文中亦描绘了《冰山记》上演时的情景：“夏间，余偶令小傒魏珰剧，聚观者数万人。酖杀裕妃，杖杀万熼，人人愤恨，怒目相视。至颜佩韦击杀缇骑，人声喧拥，汹汹崩屋，有跳且舞者，大井旅店，勾摄珰魂，抚掌颠狂，楹柱几折。”可与本文对读。

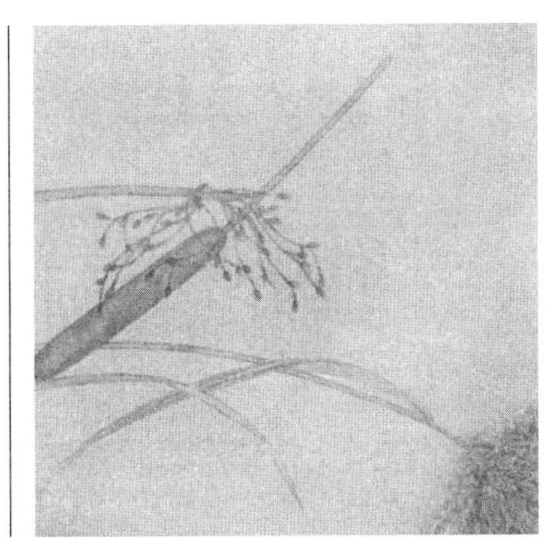

卷八

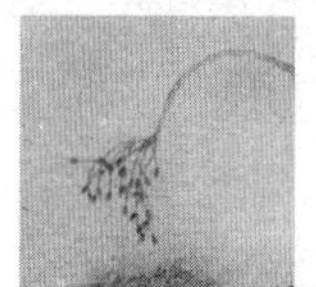

龙山放灯[1]

万历辛丑年[2]，父叔辈张灯龙山，剡木为架者百[3]，涂以丹雘[4]，帨以文锦[5]，一灯三之。灯不专在架，亦不专在磴道[6]，沿山袭谷，枝头树杪[7]，无不灯者，自城隍庙门至蓬莱冈上下，亦无不灯者。山下望如星河倒注，浴浴熊熊[8]，又如隋炀帝夜游，倾数斛萤火于山谷间[9]，团结方开[10]，倚草附木，迷迷不去者[11]。好事者卖酒，缘出席地坐。山无不灯，灯无不席，席无不人，人无不歌唱鼓吹。男女看灯者，一入庙门，头不得顾，踵不得旋，只可随势，潮上潮下，不知去落何所，有听之而已。庙门悬禁条：禁车马，禁烟火，禁喧哗，禁豪家奴不得行辟人。父叔辈台于大松树下，亦席，亦声歌，每夜鼓吹笙簧与宴歌弦管，沉沉昧旦[12]。

十六夜，张分守宴织造太监于山巅星宿阁[13]，傍晚至山下，见禁条，太监忙出舆笑曰："遵他，遵他，自咱们遵他起！"却随役，用二丱角扶掖上山[14]。夜半，星宿阁火罢，宴亦遂罢。灯凡四夜，山上下糟丘肉林[15]，日扫果核蔗滓及鱼肉骨蠡蜕[16]，堆砌成高阜，拾妇女鞋挂树上，如秋叶。

相传十五夜，灯残人静，当垆者正收盘核[17]，有美妇六七人买酒，酒尽，有未开瓮者。买大罍一，可四斗许，出袖中瓜果，顷刻罄罍而去。疑是女人星，或曰酒星。又一事，有无赖子于城隍庙左借空楼数楹，以姣童实之，为帘子胡同。是夜，有美少年来狎某童，剪烛殢酒[18]，媟亵非理，解襦，乃女子也，未曙即去，不知其地、其人，或是妖狐所化。

【注释】

①放灯：民间农历正月元宵节燃点花灯的一种风俗。作者《夜航船》一书亦有介绍："元夕放灯：以正月十五天官生日放天灯，七月十五水官生日放河灯，十月十五地官生日放街灯。宋太宗淳化元年六月丙午诏，罢中元、下元两夜灯。"

②万历辛丑年：即万历二十九年（1601）。

③剡（yǎn）：削。

④丹雘（huò）：红色涂料。

⑤帨（shuì）：佩巾，这里用作动词，以布缠裹的意思。

⑥磴（dèng）：石头台阶。

⑦树杪（miǎo）：树梢。

⑧浴浴熊熊：形容水势很大的样子。

⑨"隋炀帝夜游"句：典出《隋书》："壬午，上于景华宫征求萤火，得数斛，夜出游山，放之，光遍岩谷。"隋炀帝，杨广（560—618），小字阿㹴，隋文帝杨坚次子。在位期间大兴土木，修建宫殿，生活荒淫奢侈。

⑩团结：聚拢成团。

⑪迷迷：环绕、依附。

⑫沉沉昧旦：不知不觉天已将亮。

⑬织造太监：明时朝廷于南京、杭州、苏州三地设专局，掌管织造各项丝织品，供皇室之用，并各置提督织造太监一人。

⑭丱（guàn）角：旧时儿童的一种发式，将头发束成两角的样子。这里指年幼的仆从。

⑮糟丘肉林：形容酒肉非常之多。

⑯蠡蜕：贝类的壳。

⑰当垆：卖酒。

⑱殢（tì）酒：困酒，病酒。

【简评】

作者的父叔们实际上做了一项颇得人心的公益性事业，从喧闹非凡的景象中他们得到了更多的快乐，正所谓独乐乐，不如与人乐乐。

王月生[1]

南京朱市妓[2]，曲中羞与为伍，王月生出朱市，曲中上下三十年决无其比也。面色如建兰初开，楚楚文弱，纤趾一牙[3]，如出水红菱，矜贵寡言笑[4]，女兄弟闲客，多方狡狯[5]，嘲弄哈侮[6]，不能勾其一粲[7]。善楷书，画兰竹水仙。亦解吴歌，不易出口。南京勋戚大老力致之[8]，亦不能竟一席。富商权胥得其主席半晌，先一日送书帕[9]，非十金则五金，不敢亵订。与合卺，非下聘一二月前，则终岁不得也。

好茶，善闵老子，虽大风雨、大宴会，必至老子家啜茶数壶始去。所交有当意者，亦期与老子家会。一日，老子邻居有大贾，集曲中妓十数人，群谇嘻笑[10]，环坐纵饮。月生立露台上，倚徙栏楯[11]，视娗羞涩[12]，群婢见之皆气夺，徙他室避之。月生寒淡如孤梅冷月，含冰傲霜，不喜与俗子交接，或时对面同坐，起若无睹者。

有公子狎之，同寝食者半月，不得其一言。一日口嗫嚅动，闲客惊喜，走报公子曰："月生开言矣！"哄然以为祥瑞，急走伺之，面赪[13]，寻又止[14]，公子力请再三，蹇涩出二字曰[15]：

"家去。"

【注释】

①王月生：王月生生平事迹，余怀《板桥杂记》记之甚详，兹引如下："王月，字微波。母胞生三女：长即月，次节，次满，并有殊色，月尤慧妍，善自修饰，颀身玉立，皓齿明眸，异常妖冶，名动公卿。桐城孙武公昵之，拥致栖霞山下雪洞中，经月不出。己卯岁牛女渡河之夕，大集诸姬于方密之侨居水阁。四方贤豪，车骑盈闾巷，梨园子弟，三班骈演，水阁外环列舟航如堵墙。品藻花案，设立层台，以坐状元。二十余人中，考微波第一，登台奏乐，进金屈卮。南曲诸姬皆色沮，渐逸去。天明始罢酒。次日，各赋诗纪其事。余诗所云"月中仙子花中王，第一姮娥第一香"者是也。微波绣之于帨巾不去手。武公益眷念，欲置为侧室。会有贵阳蔡香君，名如蘅，强有力，以三千金啖其父，夺以归。武公悒悒，遂娶葛嫩也。香君后为安庐兵备道，携月赴任，宠专房。崇祯十五年五月，大盗张献忠破庐州府，知府郑履祥死节，香君被擒。搜其家，得月，留营中，宠压一寨。偶以事忤献忠，断其头，函置于盘，以享群贼。嗟乎，等死也，月不及嫩矣，悲夫。"

②朱市：南京秦淮河一带的低等妓院。

③纤趾一牙：指王月生的脚很小。

④矜贵：矜持，高贵。

⑤狡狯：玩笑，逗笑。

⑥哈侮：戏弄。

⑦粲：露齿而笑。

⑧勋戚大老：皇亲贵族。

⑨书帕：书信与礼金。

⑩谇（suì）：本义为责骂，这里指嬉笑打闹。

⑪楯（shǔn）：栏杆上的横木。

⑫娗（tǐng）：长而美好。

⑬赪（chēng）：变成红色。

⑭寻：很快，不久。

⑮蹇（jiǎn）涩：羞涩、不好意思。

【简评】

作者还写有《曲中妓王月生》一诗，以茶喻人，颇有特色，兹引如下：

金陵佳丽何时起，余见两事非常理。
乃欲取之相比伦，俗人闻之笑见齿。
今来茗战得异人，桃叶渡口闵老子。
钻研水火七十年，嚼碎虚空辨渣滓。
白瓯沸雪发兰香，色似梨花透窗纸。
舌闻幽沁味同谁，甘酸都尽橄榄髓。
及余一晤王月生，恍见此茶能语矣。
蹴三致一步吝移，狷洁幽闲意如冰。
依稀箨粉解新篁，一茎秋兰初放蕊。
縠雾犹嫌弱不胜，尖弓适与湘裙委。
一往神情可奈何，解人不得多流视。
余惟对之敬畏生，君谟嗅茶得其旨。
但以佳茗比佳人，自古何人见及此。
犹言书法在江声，闻者喷饭满其几。

张东谷好酒

余家自太仆公称豪饮[①]，后竟失传，余父、余叔不能饮一蠡壳[②]，食糟茄[③]，面即发赪，家常宴会，但留心烹饪，庖厨之精，遂甲江左。一簋进，兄弟争啖之立尽，饱即自去，终席未尝举杯。有客在，不待客辞，亦即自去。

山人张东谷，酒徒也，每悒悒不自得。一日起谓家君曰：

"尔兄弟奇矣！肉只是吃，不管好吃不好吃；酒只是不吃，不知会吃不会吃。"二语颇韵，有晋人风味。而近有伧父载之《舌华录》[④]，曰："张氏兄弟，赋性奇哉！肉不论美恶，只是吃；酒不论美恶，只是不吃。"字字板实，一去千里，世上真不少点金成铁手也[⑤]。

东谷善滑稽，贫无立锥，与恶少讼，指东谷为万金豪富，东谷忙忙走诉大父曰："绍兴人可恶，对半说谎，便说我是万金豪富。"大父常举以为笑。

【注释】

①豪饮：纵饮，能喝酒。

②蠡（lí）壳：贝类的壳，这里指很小的酒杯。

③糟茄：一种具有药用价值的食品。做法为将紫茄子洗净切块，与酒糟、精盐放在瓷罐中，搅拌均匀，封口，放置一个月左右即可食用。

④伧父：鄙贱之人。《舌华录》：明代笔记，作者曹臣。

⑤点金成铁：比喻把好事办坏。典出宋道原《景德传灯录·真觉大师灵照》："问：'还丹一粒，点铁成金；至理一言，点凡成圣。请师一点。'师曰：'还知齐云点金成铁吗？'曰：'点金成铁，未之前闻。至理一言，敢希垂示。'"

【简评】

曹臣《舌华录》一书相关部分原文如下："会稽张状元诸孙四五辈，皆不饮酒，善肴物。每至席所，箸下如林，必一尽乃止。沈曼长曰：'张氏兄弟，赋性奇哉！遇肴不论美恶，只是吃；遇酒不论美恶，只是不吃。'"不妨将其与本文对读，看是否"点金成铁"。

楼　船

家大人造楼，船之[①]；造船，楼之。故里中人谓船楼，谓楼船，颠倒之不置。是日落成，为七月十五，自大父以下，男女老稚靡不集焉。以木排数重搭台演戏，城中村落来观者，大小千余艘。午后飓风起，巨浪磅礴，大雨如注，楼船孤危，风逼之几覆，以木排为戙索缆数千条[②]，网网如织，风不能撼。少顷风定，完剧而散。越中舟如蠡壳，跼蹐篷底看山[③]，如矮人观场，仅见鞋靸而已[④]，升高视明，颇为山水吐气。

【注释】

①船之：建成船的形状。

②戙（dòng）：木船上用来系缆绳的木桩。

③跼蹐（jú jí）：狭窄，局促。

④靸（sǎ）：拖鞋。

【简评】

张氏家族当年富足的程度于此可见一斑，好在张家并不是闭门娱乐，乡邻们还可以分享一下。

阮圆海戏[1]

阮圆海家优讲关目[2]，讲情理，讲筋节，与他班孟浪不同[3]。然其所打院本[4]，又皆主人自制，笔笔勾勒，苦心尽出，与他班卤莽者又不同。故所搬演，本本出色，脚脚出色，出出出色，句句出色，字字出色。

余在其家看《十错认》《摩尼珠》《燕子笺》三剧，其串架斗笋、插科打诨、意色眼目，主人细细与之讲明。知其义味，知其指归，故咬嚼吞吐，寻味不尽。至于《十错认》之龙灯、之紫姑，《摩尼珠》之走解、之猴戏，《燕子笺》之飞燕、之舞象、之波斯进宝，纸札装束，无不尽情刻画，故其出色也愈甚。

阮圆海大有才华，恨居心勿静，其所编诸剧，骂世十七[5]，解嘲十三，多诋毁东林[6]，辩宥魏党[7]，为士君子所唾弃，故其传奇不之著焉。如就戏论，则亦镞镞能新[8]，不落窠臼者也。

【注释】

①阮圆海：阮大铖（1586—1646），字集之，号圆海，又号石巢、百子山樵。怀宁（今安徽安庆）人。万历四十四年（1616）进士，曾任给事中。因依附阉党魏忠贤，崇祯初免职。后在南明王朝任兵部尚书。南京被清兵攻破后，降清。著有《燕子笺》《春灯谜》《牟尼合》《双金榜》等多部传奇。作者与其曾有往来。

②关目：剧情。

③孟浪：轻率、鲁莽。

④院本：这里指剧本。

⑤十七：十分之七。

⑥东林：东林党，明代后期，顾宪成与高攀龙、钱一本等人在无锡东林书院讲学，议论朝政，得到一些士大夫的支持，逐渐形成一个政治团体，被称为“东林党”。

⑦辩宥（yòu）：辩护，帮着说好话。魏党：以宦官魏忠贤为首的政治集团。

⑧镞镞（zú）能新：语出刘义庆《世说新语·赏誉》：“文学镞镞，无能不新。”镞镞，挺拔的样子。

【简评】

无德之人未必无才，有才之人未必有德。这正如一句俗语所说的：林子大了，什么鸟都有。

巘花阁

巘花阁在筠芝亭松峡下[①]，层崖古木，高出林皋[②]，秋有红叶。坡下支壑回涡[③]，石蹬棱棱[④]，与水相距。阁不槛、不牖[⑤]，地不楼、不台，意正不尽也。

五雪叔归自广陵，一肚皮园亭，于此小试。台之、亭之、廊之、栈道之，照面楼之侧，又堂之、阁之、梅花缠折旋之，未免伤板、伤实、伤排挤，意反局蹐，若石窟书砚。隔水看山、看阁、看石麓、看松峡上松，庐山面目反于山外得之[⑥]。五雪叔属余作对，余曰：“身在襄阳袖石里[⑦]，家来辋口扇图中[⑧]。”言其小处。

【注释】

①筠芝亭：详情参见本书卷一《筠芝亭》。

②林皋：山林。

③支壑回涡：山谷中水流回旋。

④石踇（mǔ）：指突出的石头。

⑤牖：窗户。此处作动词用。

⑥庐山面目：比喻事物的真实面目。语出苏轼《题西林壁》诗："不识庐山真面目，只缘身在此山中。"

⑦身在襄阳袖石里：米芾袖石典故，作者《夜航船》一书亦有记载："灵璧石：米元章守涟水，地接灵璧，蓄石甚富，一一品目，入玩则终日不出。杨次公为廉访，规之曰：'朝廷以千里郡付公，那得终日弄石。'米径前，于左袖中取一石，嵌空玲珑，峰峦洞穴皆具，色极青润，宛转翻落，以云杨曰：'此石何如？'杨殊不顾。乃纳之袖，又出一石，叠峰层峦，奇巧又胜。又纳之袖，最后出一石，尽天画视镂之巧，顾杨曰：'如此那得不爱？'杨忽曰：'非独公爱，我亦爱也。'即就米手攫得之，径登车去。"

⑧辋口：在今陕西蓝田辋川，唐诗人王维蓝田别业所在地。作者《夜航船》一书有介绍："辋川别业：在蓝田，宋之问所建，后为王维所得。辋川通流竹洲花坞，日与裴秀才迪浮舟赋诗，斋中惟茶铛、酒臼、经案、竹床而已。"

【简评】

祁彪佳《越中园亭记》对巘花阁亦有介绍："在张五泄君宅后，即龙山之南麓也。石壁稜峙，下汇为小池，飞栈曲桥，逶迤穿渡，为亭为台，如簇花叠锦，想金谷当年，不过尔尔。"可与本文对读。

范与兰

范与兰七十有三，好琴，喜种兰及盆池小景。建兰三十余缸，大如簸箕。早舁而入[①]，夜舁而出者，夏也；早舁而出，夜舁而入者，冬也；长年辛苦，不减农事。花时，香出里外，客至坐一时，香袭衣裾，三五日不散。余至花期至其家，坐卧不去，香气酷烈，逆鼻不敢嗅[②]，第开口吞欱之[③]，如沆瀣焉[④]。花谢，粪之满箕[⑤]，余不忍弃，与与兰谋曰："有面可煎，有蜜可浸，有火可焙，奈何不食之也？"与兰首肯余言。

与兰少年学琴于王明泉，能弹《汉宫秋》《山居吟》《水龙吟》三曲。后见王本吾琴，大称善，尽弃所学而学焉，半年学《石上流泉》一曲，生涩犹棘手。王本吾去，旋亦忘之，旧所学又锐意去之，不复能记忆，究竟终无一字，终日抚琴，但和弦而已。

所畜小景，有豆板黄杨[⑥]，枝干苍古奇妙，盆石称之。朱樵峰以二十金售之，不肯易，与兰珍爱，"小妾"呼之。余强借斋头三月，枯其垂一干，余懊惜，急舁归与兰。与兰惊惶无措，煮参汁浇灌，日夜摩之不置，一月后枯干复活。

【注释】

①舁（yú）：抬、搬。

②逆鼻：吸气。

③欱（hē）：吸、吞。

④沆瀣（xiè）：水汽。作者在《夜航船》一书中亦有解释："沆瀣：

夜半清气从北方起者，谓之沆瀣。”

⑤粪之满箕：满簸箕的落花像粪土一样抛弃。

⑥豆板黄杨：即黄杨木，一种常绿灌木，生长于山地或多石之处，有观赏价值。

【简评】

范与兰学琴很有意思，已经学了多年，有些水平了。但见了更好的，决意改弦更张，结果好的没学会，原来的也忘了，到最后，什么也不会了。

蟹会

食品不加盐醋而五味全者，为蚶、为河蟹。河蟹至十月与稻梁俱肥，壳如盘大，坟起[①]，而紫螯巨如拳，小脚肉出，油油如螾蜓[②]。掀其壳，膏腻堆积，如玉脂珀屑，团结不散，甘腴虽八珍不及。

一到十月，余与友人兄弟辈立蟹会，期于午后至[③]，煮蟹食之，人六只，恐冷腥，迭番煮之[④]。从以肥腊鸭、牛乳酪。醉蚶如琥珀，以鸭汁煮白菜如玉版[⑤]。果瓜以谢橘、以风栗、以风菱。饮以玉壶冰[⑥]，蔬以兵坑笋[⑦]，饭以新余杭白[⑧]，漱以兰雪茶。由今思之，真如天厨仙供，酒醉饭饱，惭愧惭愧。

【注释】

①坟起：突出。

②螾蜓（yǐn yǎn）：一种形似蜈蚣的昆虫。

③期：约定。

④迭番：轮番，交替。

⑤玉版：笋的别名。作者《夜航船》一书中有介绍：“玉版：苏东

坡邀刘器之参玉版禅师。至寺，烧笋，觉味胜，坡曰：‘名玉版也。’作偈云：‘不怕石头路，来参玉版师。卿凭锦珠子，与问箨龙儿。’”

⑥玉壶冰：一种美酒，宋叶梦得《浣溪沙·送卢倅》词有“荷叶荷花水底天，玉壶冰酒酿新泉”之句。这里泛指美酒。

⑦兵坑笋：兵坑所产的笋。

⑧余杭白：余杭所产的精米。

【简评】

吃蟹吃到这种境界，也只能用“天厨仙供”一词来形容了。

露　兄

崇祯癸酉[①]，有好事者开茶馆，泉实玉带，茶实兰雪，汤以旋煮，无老汤，器以时涤，无秽器，其火候、汤候，亦时有天合之者。余喜之，名其馆曰“露兄”，取米颠“茶甘露有兄”句也[②]。为之作《斗茶檄》，曰：

“水淫茶癖[③]，爰有古风；瑞草雪芽，素称越绝。特以烹煮非法，向来葛灶生尘[④]；更兼赏鉴无人，致使羽《经》积蠹[⑤]。迩者择有胜地，复举汤盟[⑥]，水符递自玉泉，茗战争来兰雪[⑦]。瓜子炒豆，何须瑞草桥边[⑧]；橘柚查梨，出自仲山圃内[⑨]。八功德水，无过甘滑香洁清凉[⑩]；七家常事[⑪]，不管柴米油盐酱醋。一日何可少此，子猷竹庶可齐名[⑫]；七碗吃不得了，卢仝茶不算知味[⑬]。一壶挥麈[⑭]，用畅清谈；半榻焚香，共期白醉[⑮]。”

【注释】

①崇祯癸酉：即崇祯六年（1633）。

②米颠：北宋书画家米芾，因举止癫狂，被人称为“米颠”。茶甘

露有兄：语出北宋庄绰《鸡肋编》：“其作文亦狂怪，尝作诗云：‘饭白云留子，茶甘露有兄。’人不省露兄故实，扣之，乃曰：‘只是甘露哥哥耳。’”

③水淫：典出《南史》：“何佟之性好洁，一日之中洗涤者十余过，犹恨不足，时人称为水淫。”另据《宣和书谱》：“米芾性好洁，世号水淫。”茶癖：陆羽爱茶成癖。唐贯休《和毛学士舍人早春》诗亦有“茶癖金铛快，松香玉露含”之语。

④葛灶：葛洪炼丹的炉灶。

⑤羽《经》：指陆羽所著《茶经》。

⑥汤盟：汤社。作者《夜航船》一书有介绍：“汤社：和凝在朝，率同列递日以茶相饮，味劣者有罚，号为汤社。”

⑦茗战：斗茶。作者《夜航船》一书有介绍：“茗战：建人以斗茶为茗战。”

⑧瓜子炒豆，何须瑞草桥边：典出苏轼《与王元直》：“但有少望，或圣恩许归田里，得款段一仆，与子众丈、杨文宗之流，往来瑞草桥，夜还何村，与君对坐庄门，吃瓜子炒豆，不知当复有此日否?”

⑨橘柚查梨，出自仲山圃内：苏轼《胜相院经藏记》有“自蜜及甘蔗，查梨与橘柚，说甜而得酸，以及咸辛苦”之语，或为此典出处。一说典出《世说新语》：“恒南郡每见人不快，辄嗔云：‘君得哀家梨，当复蒸食不?’秣陵有哀仲家梨，甚美，大如升，入口消释。”

⑩八功德水，无过甘滑香洁清凉：佛教认为阿弥陀佛极乐净土池中的水有八种功德。作者《夜航船》一书亦有介绍：“八功德水：一清、二冷、三香、四柔、五甘、六净、七不噎、八除病。北京西山、南京灵谷，皆取此义。”

⑪七家常事：日常生活中的七种必需品。宋吴自牧《梦粱录》：“盖人家每日不可阙者，柴、米、油、盐、酱、醋、茶。”

⑫一日何可少此，子猷竹庶可齐名：典出《世说新语》：“王子猷尝暂寄人空宅住，便令种竹。或问：‘暂住，何烦尔?’王啸咏良久，直指

竹曰：“何可一日无此君？”子猷：王徽之（338？—386），字子猷。王羲之的第五个儿子。历任参军、南中郎将、黄门侍郎等。”

⑬七碗吃不得了，卢仝茶不算知味：语出卢仝《走笔谢孟谏议寄新茶》诗。作者《夜航船》一书亦有介绍：“卢仝七碗，卢仝歌：一碗喉吻润；二碗破孤闷；三碗搜枯肠，惟有文字五千卷；四碗发轻汗，平生不平事，尽向毛孔散；五碗肌骨清；六碗通仙灵；七碗吃不得也，惟觉两腋习习清风生。”卢仝（795—835）：号玉川子，济源（今河南济源）人，爱茶成癖，后人称之为“茶仙”。

⑭挥麈：清谈，闲聊。作者《夜航船》一书有介绍：“麈：出终南诸山。鹿之大者曰麈，群鹿随之，视麈尾为响道，故古之谈者挥焉。”

⑮白醉：酒醉。

【简评】

可以把这篇《斗茶檄》看作是作者为露兄茶馆撰写的广告词，雅致而无烟火气。

闰元宵

崇祯庚辰闰正月[①]，与越中父老约重张五夜灯，余作张灯致语曰[②]：

“两逢元正[③]，岁成闰于摄提之辰[④]；再值孟陬[⑤]，天假人以闲暇之月。《春秋传》详记二百四十二年事[⑥]，春王正月，孔子未得重书；开封府更放十七十八两夜灯，乾德五年，宋祖犹烦钦赐[⑦]。兹闰正月者，三生奇遇，何幸今日而当场；百岁难逢，须效古人而秉烛[⑧]。况吾大越，蓬莱福地，宛委洞天。大江以东，民皆安堵；遵海而北[⑨]，水不扬波。含哺嬉兮[⑩]，共乐太平之世界；重译至者，皆言中国有圣人。千百国来朝，白雉之陈无算[11]；十三年于兹，黄耇之说有征[12]。乐圣衔杯[13]，宜纵饮屠苏之酒[14]；较书分火，应暂辍太乙之藜[15]。前此元宵，竟因雪妒，天亦知点缀丰年；后来灯夕，欲与月期，人不可蹉跎胜事。六鳌山立[16]，只说飞来东武[17]，使鸡犬不惊；百兽室悬[18]，毋曰下守海澨[19]，唯鱼鳖是见。笙箫聒地，竹椽出自柯亭[20]；花草盈街，禊帖携来兰渚[21]。士女潮涌，撼动蠡城；车马雷殷，唤醒龙屿[22]。况时逢丰穰，呼庚呼癸[23]，一岁自兆重登；且科际辰年[24]，为龙为光[25]，两榜必征双首。莫轻此五夜之乐，眼望何时？试问那百年之人，躬逢几次？敢祈同志，勿负良宵。敬藉赫蹄[26]，喧传口号。”

【注释】

①崇祯庚辰：崇祯十三年（1640）。

②致语：颂辞。

③元正：元旦。

④摄提：摄提格，古代曾用太岁在天宫的运转方向来纪年，太岁指向寅宫之年被称为摄提格。

⑤孟陬（zōu）：农历正月。

⑥《春秋传》：先秦时期的一部编年体史书，相传为孔子所作，主要记载鲁隐公元年到鲁哀公十四年242年间的历史。

⑦“开封府更放十七、十八两夜灯“句：典出宋王栐《燕翼诒谋录》：“国朝故事，三元张灯。太祖乾德五年正月甲辰诏曰：‘上元张灯，旧止三夜，今朝廷无事，区宇乂安，方当年谷之丰登，宜纵士民之行乐，其令开封府更放十七、十八两夜灯’。后遂为例。”乾德五年：乾德是宋太祖赵匡胤年号，乾德五年即967年。

⑧秉烛：秉烛夜游，及时行乐的意思。

⑨遵海：沿着海岸。

⑩含哺嬉兮：语出《庄子》：“含哺而熙，鼓腹而游，民能以此矣。”

含哺，口中含着食物，指人民生活安乐。

⑪白雉：白色的野鸡，较为少见，象征吉祥。

⑫十三年于兹，黄耇（gǒu）之说有征：典出《史记》：“良尝闲从容步游下邳圯上，有一老父，衣褐，至良所，直堕其履圯下，顾谓良曰：‘孺子，下取履！’良愕然，欲殴之，为其老，强忍，下取履。父曰：‘履我！’良业为取履，因长跪履之。父以足受，笑而去。良殊大惊，随目之。父去里所，复还，曰：‘孺子可教矣。后五日平明，与我会此。’良因怪之，跪曰：‘诺。’五日平明，良往。父已先在，怒曰：‘与老人期，后，何也？’去，曰：‘后五日早会。’五日鸡鸣，良往。父又先在，复怒曰：‘后，何也？’去，曰：‘后五日复早来。’五日，良夜未半往。有顷，父亦来，喜曰：‘当如是。’出一编书，曰：‘读此则为王者师矣。后十年，兴。十三年，孺子见我，济北谷城山下黄石即我矣。’遂去，无他言，不复见。旦日，视其书，乃《太公兵法》也。良因异之，常习诵读之。”黄耇，年老长寿。

⑬乐圣衔杯：典出唐李适之《罢相作》：“避贤初罢相，乐圣且衔杯，为问门前客，今朝几个来？”杜甫《饮中八仙歌》亦有“左相日兴费万钱，饮如长鲸吸百川，衔杯乐圣称避贤”之语。乐圣，嗜酒。衔杯，饮酒。

⑭屠苏：屠苏酒，酒名。古代习俗，每年的农历正月初一，全家人在一起饮屠苏酒。

⑮较书分火，应暂辍太乙之藜：典出晋王嘉《拾遗记》：“刘向于成帝之末，校书天禄阁，专精覃思。夜有老人，著黄衣，植青藜杖，登阁而进，见向暗中独坐诵书，老人乃吹杖端，烟然。因以见向，说开辟已前。向因受五行洪范之文，恐辞说繁广忘之，乃裂帛及绅，以记其言，至曙而去。向请问姓名，云：‘我是太乙之精。天帝闻卯金之子有博学者，下而观焉。’乃出怀中竹牒，有天文地图之书，曰：‘余略授子焉。’至向子歆，从向授其术，向亦不悟此人焉。”作者《夜航船》一书亦有介绍：“青藜照读：元夕人皆游赏，独刘向在天禄阁校书。太乙真人以青

藜杖燃火照之。”

⑯六鳌：传说中负载五座仙山的六只大龟。

⑰东武：东武山，又称龟山、怪山、塔山。据《吴越春秋》记载：“城既成，而怪山自至。怪山者，琅琊东武海中山也，一夕自来，百姓怪之，故名怪山；形似龟体，故谓龟山。”作者《越山五佚记》一文有详细介绍，可参看。

⑱百兽：各种彩灯。

⑲海澨（shì）：海边。

⑳竹椽出自柯亭：此典作者《夜航船》一书有介绍：“柯亭竹椽：蔡中郎避难江南，宿柯亭，听庭中第十六条竹椽迎风有好音，中郎曰：‘此良竹也。’取以为笛，声音独绝，历代相传，后折于孙绰妓之手。”

㉑禊帖：《兰亭序》。因文中记载有兰亭修禊之事，故名。兰渚：作者《夜航船》一书有介绍：“兰渚：在绍兴府城南二十五里。晋永和九年上巳日，王右军与谢安、孙绰、许询辈四十一人会此修禊事。今传有流觞曲水、兰亭故址。”

㉒龙屿：龙山，卧龙山。

㉓呼庚呼癸：呼庚癸。典出《左传》，作者《夜航船》一书亦有介绍：“呼庚癸：吴申叔仪乞粮于晋，公孙有山氏对曰：‘粱则无矣，粗则有之。若登首山，以呼曰庚癸乎，则诺。’庚，西方，主谷。癸，北方，主水。教以隐语也。”作者借典用以表粮食充足之意。

㉔科际辰年：辰年为科考之年。

㉕为龙为光：语出《诗经》：“既见君子，为龙为光。”指皇帝给予的恩宠，荣光。

㉖赫蹄：古代用以写字的小幅绢帛，后亦以代指纸。

【简评】

一年两度元宵，确实是百年难得的奇遇，事奇，文更奇。

合采牌

余作文武牌[①]，以纸易骨，便于角斗，而燕客复刻一牌，集天下之斗虎、斗鹰、斗豹者，而多其色目[②]，多其采，曰“合采牌”。余为之作叙曰：

“太史公曰：‘凡编户之民，富相什则卑下之，伯则畏惮之，千则役，万则仆，物之理也。’[③]古人以钱之名不雅驯，缙绅先生难道之，故易其名曰赋、曰禄、曰饷，天子千里外曰采。采者，采其美物以为贡，犹赋也。诸侯在天子之县内曰采，有地以处其子孙亦曰采，名不一，其实皆谷也，饭食之谓也。周封建多则采胜[④]，秦无采则亡。采在下无以合之，则齐桓、晋文起矣[⑤]。列国有采而分析之，则主父偃之谋也[⑥]。由是而亮采、服采[⑦]，好官不过多得采耳。充类至义之尽[⑧]，窃亦采也，盗亦采也，鹰虎豹由此其选也。然则奚为而不禁？曰：小役大，弱役强，斯二者，天也[⑨]。《皋陶谟》曰：‘载采采’[⑩]，微哉、之哉、庶哉！”

【注释】

①文武牌：一种绘有文臣武将的纸牌，供娱乐、赌博之用。

②色目：种类名目。

③“太史公曰”句：语出《史记·货殖列传》。司马迁，字子长，夏阳（今陕西韩城）人。历任郎中、太史令。因替李陵辩护，触怒汉武帝，受腐刑。后获赦出狱，为中书令，发愤著书，撰成《史记》。什：同“十”，十倍。经济条件相差十倍，就低人一等。伯：同“佰”，百倍。

④周封建：西周实行分封制度，将爵位、土地赐给诸侯，让他们在所封的地区里建立邦国。

⑤齐桓、晋文：指春秋时期的齐桓公、晋文公两位霸主。

⑥主父偃（？—前126）：临淄（今山东临淄）人。历任郎中、谒者、中郎、中大夫等。他曾向汉武帝提出旨在削弱诸侯王势力的推恩法。作者《夜航船》一书亦有介绍："分封大国：汉患诸侯强，主父偃谋令诸侯以私恩，自裂地封其子弟，而汉为定其封号。汉有厚恩，而诸侯自分析弱小云。"

⑦亮采、服采：亮采，辅佐政事。服采：朝祭的近臣。一说为作事之臣。

⑧充类至义之尽：语出《孟子》："夫谓非其有而取之者，盗也，充类至义之尽也。"意为以此类推。

⑨"小役大，弱役强"句：语出《孟子》："天下有道，小德役大德，小贤役大贤；天下无道，小役大，弱役强。斯二者，天也。"

⑩"《皋陶谟》曰：'载采采'"句：语出《尚书·皋陶谟》："都，亦行有九德，亦言其人有德，乃言曰载采采。"《皋陶谟》出自《尚书·虞书》，内容为舜、禹、皋陶等人在一起商议事情，系后人据传闻整理而成。皋陶：咎繇，舜的谋臣，掌管刑法狱讼。谟：商议。

【简评】

作者这篇合采牌叙写得很好玩，它将复杂的历史现象归纳为一个简单的道理，那就是大家忙来忙去，争来争去，都是为了一个钱字，都是为了饭吃，只不过处在不同的阶层，得到的方式不同而已。

瑞草溪亭

瑞草溪亭为龙山支麓，高与屋等。燕客相其下有奇石，身执虆臿[①]，为匠石先，发掘之。见土夯土[②]，见石甃石[③]，去三丈许，始与基平，乃就其上建屋。屋今日成，明日拆，后日又成，再后日又拆，凡十七变而溪亭始出。盖此地无溪也而溪之，溪之不足，又潴之、壑之[④]，一日鸠工数千指[⑤]，索性池之，索性阔一亩，索性深八尺。无水，挑水贮之，中留一石如案，回潴浮峦[⑥]，颇亦有致。燕客以山石新开，意不苍古，乃用马粪涂之，使长苔藓，苔藓不得即出，又呼画工以石青、石绿皴之[⑦]。一日左右视，谓此石案，焉可无天目松数棵盘郁其上[⑧]，遂以重价购天目松五六棵，凿石种之。石不受锸，石崩裂，不石不树，亦不复案。燕客怒，连夜凿成砚山形，缺一角，又莑一岩石补之[⑨]。燕客性卞急[⑩]，种树不得大，移大树种之，移种而死，又寻大树补之。种不死不已，死亦种不已，以故树不得不死，然亦不得即死。溪亭比旧址低四丈，运土至东，多成高山，一亩之室，沧桑忽变。见其一室成，必多坐看之，至隔宿或即无有矣。故溪亭虽渺小，所费至巨万焉。

燕客看小说："姚崇梦游地狱[⑪]，至一大厂，炉鞴千副[⑫]，恶鬼数千，铸泻甚急，问之，曰：'为燕国公铸横财。'[⑬]后至一处，炉灶冷落，疲鬼一二人鼓橐，奄奄无力，崇问之，曰：'此相公财库也。'崇寤而叹曰：'燕公豪奢，殆天纵也。'"燕客喜其事，遂号"燕客"。

二叔业四五万，燕客缘手立尽。甲申[⑭]，二叔客死淮安[⑮]，燕客奔丧，所积薪俸及玩好币帛之类又二万许，燕客携归，甫三月又辄尽[⑯]，时人比之鱼宏四尽焉[⑰]。

溪亭住宅，一头造，一头改，一头卖，翻山倒水无虚日。有夏耳金者，制灯剪彩为花，亦无虚日。人称耳金为"败落隋炀帝"，称燕客为"穷极秦始皇"，可发一粲[⑱]。

【注释】

①虆臿（léi chā）：盛土、挖土的工具。

②挙（jú）：古代一种运土的器具，这里活用为运土的意思。

③甃（zhòu）：用石头砌物。

④潴：蓄积，聚集。

⑤鸠工：召集工匠。数千指：很多人。

⑥回潴浮峦：水在山石间迂回流动。

⑦石青：一种蓝色矿物质颜料。石绿：一种用孔雀石制成的绿色颜料。皴（cūn）：中国画的一种技法，涂出物体纹理或阴阳向背。

⑧天目松：一种常绿乔木，在浙皖交界处的天目山分布较广，故名。树形优美，很有观赏价值。

⑨峃（què）：大石头。

⑩卞急：急躁。

⑪姚崇：（605—721），初名元崇，又名元之，陕州（今河南三门峡）人。历任濮州司仓、夏官郎中、兵部尚书、中书令。

⑫炉鞴（bài）：风箱。

⑬燕国公：张说（667—730），字道济，一字说之，曾被封燕国公。

⑭甲申：顺治元年（1644）。

⑮二叔：即张联芳。

⑯甫：刚刚。

⑰鱼宏四尽：鱼宏当为鱼弘，典出《梁书》："鱼弘常语人曰：'我为郡，所谓四尽：水中鱼鳖尽，山中麞鹿尽，田中米谷尽，村里民庶尽。丈夫生世，如轻尘栖弱草，白驹之过隙。人生欢乐富贵几何时！'"

⑱一粲：一笑。

【简评】

本文所记燕客修建瑞草溪亭及挥霍事，亦见于作者《五异人传》一文。在该文中，作者曾这样评价这位堂弟："我弟自读书做官，以至山水园亭，古董伎艺，无不欲速一念，乃受卤莽灭裂之报。其间趣味削然，实实不堪咀嚼也。譬犹米石宣炉，入手即坏，不期速成，只速朽耳。孰意吾弟之智，乃出秦桧下哉。”

琅嬛福地[①]

陶庵梦有宿因[②]，常梦至一石庵，嵷窅岩窔[③]，前有急湍洄溪，水落如雪，松石奇古，杂以名花。梦坐其中，童子进茗果[④]，积书满架，开卷视之，多蝌蚪鸟迹、辟历篆文[⑤]，梦中读之，似能通其棘涩[⑥]。闲居无事，夜辄梦之，醒后伫思，欲得一胜地仿佛为之。郊外有一小山，石骨棱砺，上多筠篁[⑦]，偃伏园内。余欲造厂，堂东西向，前后轩之，后磥一石坪，植黄山松数棵，奇石峡之。堂前树娑罗二[⑧]，资其清樾。左附虚室，坐对山麓，磴磴齿齿[⑨]，划裂如试剑，匾曰“一丘”。右踞厂阁三间，前临大沼，秋水明瑟[⑩]，深柳读书，匾曰“一壑”。

缘山以北，精舍小房，绌屈蜿蜒，有古木，有层崖，有小涧，有幽篁，节节有致。山尽有佳穴，造生圹[⑪]，俟陶庵蜕焉[⑫]，碑曰“呜呼陶庵张长公之圹”。圹左有空地亩许，架一草庵，供佛，供陶庵像，迎僧住之奉香火。大沼阔十亩许，沼外小河三四折，可纳舟入沼。河两崖皆高阜，可植果木，以橘、以梅、以梨、以枣，枸菊围之。山顶可亭。山之西鄙[⑬]，有腴田二十亩，可秫可秔[⑭]。门临大河，小楼翼之，可看炉峰、敬亭诸山。楼下门之，匾曰“琅嬛福地”。缘河北走，有石桥，极古朴，上有灌木，可坐、可风、可月[⑮]。

【注释】

①琅嬛（láng huán）福地：传说中神仙所居住的洞府。语出元伊世

珍《琅嬛记》卷上:“其人笑曰:‘君痴矣,此岂可赁地耶?’即命小童送出。华问地名。曰:‘琅嬛福地也。’”作者《琅嬛福地记》一文亦述其事,可参看。

②宿因:宿世因缘,佛教语。指前世的因缘。

③嵁窅岩窦(kǎn yǎo yǎn fù):山石险峻,洞穴幽深。

④茗果:茶水、果品。

⑤蝌蚪鸟迹、辟历篆文:古文字,这里指古雅的书法。作者《夜航船》一书亦有介绍:“字祖:蝌蚪书乃字之祖。庖牺氏有龙瑞,作龙书。神农有嘉穗,作穗书。黄帝因卿云作云书。尧因灵龟作龟书。夏后氏作钟鼎,有钟鼎书。朱宣氏有凤瑞,作凤书。周文王因赤雁衔书,武王因丹鸟入室作鸟书,因白鱼入舟作鱼书。周宣王史籀始为大篆,名籀篆。李斯始为小篆,名玉箸篆。”辟历,霹雳。

⑥棘涩:艰涩。

⑦筠篁(jún huáng):丛生的竹子、竹林。

⑧娑罗:娑罗树,一种龙脑香科常绿大乔木。佛教传说释迦牟尼在娑罗树下涅槃。

⑨磴磴齿齿:排列整齐的样子。

⑩明瑟:莹净。

⑪圹(kuàng):坟墓、墓穴。

⑫蜕:死的讳称。

⑬西鄙:西边。

⑭秫(shù):高粱。秔(jīng):同“粳”,水稻。此处活用为动词。

⑮可风、可月:可以纳凉,可以赏月。

【简评】

全书以钟山起篇,以梦境结篇,作者实有深意在,字里行间,透出一分凄凉与感慨。人生仿佛一场梦,一个王朝延续了二百七十多年,转眼间灰飞烟灭,这不也是一场梦吗?

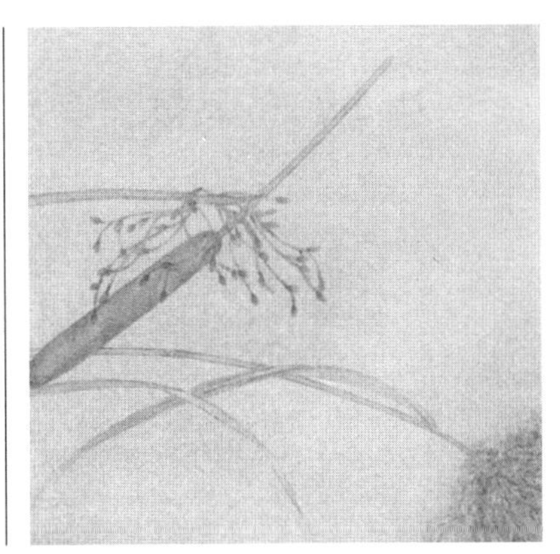

附录一

补遗四篇

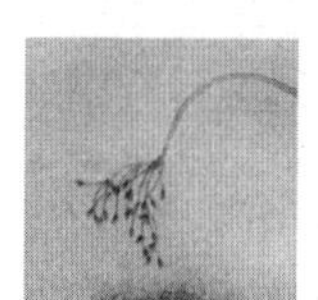

鲁王

福王南渡，鲁王播迁至越，以先父相鲁先王，幸旧臣第。岱接驾，无所考仪注，以意为之。踏脚四扇，氍毹借之，高厅事尺，设御座，席七重，备山海之供。

鲁王至，冠翼善，玄色蟒袍，玉带，朱玉绶，观者杂沓，前后左右用梯，用台，用凳，环立看之，几不能步，剩御前数武而已。传旨："勿辟人。"岱进，行君臣礼，献茶毕，安席，再行礼。不送杯箸，示不敢为主也。趋侍坐，书堂官三人执银壶二，一斟酒，一折酒，一举杯，跪进上。膳一肉簋，一汤盏，盏上用银盖盖之，一面食，用三黄绢笼罩，三臧获捧盘加额，跪献之。书堂官捧进御前，汤点七进，队舞七回，鼓吹七次，存七奏意。

是日，演《卖油郎》传奇，内有泥马渡康王故事，与时事巧合，睿颜大喜。二鼓转席，临不二斋、梅花书屋，坐木犹龙，卧岱书榻，剧谈移时。出登席，设二席于御坐傍，命岱与陈洪绶侍饮，谐谑欢笑如平交。睿量宏，已进酒半斗矣，大犀觥一气尽，陈洪绶不胜饮，呕哕御座旁。寻设一小几，命洪绶书箑，醉捉笔不起，止之。

剧完，饶戏十余出，起驾转席。后又进酒半斗，睿颜微酡，进辇，两书堂官掖之，不能步。岱送至閶外，命书堂官再传旨曰："爷今日大喜，爷今日喜极！"君臣欢洽，脱略至此，真属异数。

苏州白兔

崇祯戊寅至苏州，见白兔，异之。及抵武林，金知县汝砺宦福建，携白兔二十余只归。己卯、庚辰，杭州遍城市皆白兔，越中生育至百、至千，此兽妖也。

余少时不识烟草为何物，十年之内，老壮童稚妇人女子无不吃烟，大街小巷，尽摆烟桌，此草妖也。

妇人不知何故，一年之内都着对襟衫，戴昭君套，此服妖也。

庚辰冬底，燕客家琴砖十余块，结冰花如牡丹、芍药花瓣，枝叶如绣，如绘，间有人物、鸟兽，奇形怪状，十余砖，底面皆满。燕客迎余看，至三日不消，此冰妖也。燕客误认为祥瑞，作《冰花赋》，檄友人作诗咏之。

草　妖

河北观察使袁茂林楷所记草妖尤异：崇祯七年七月初一，孟县民孙光显祖墓有野葡萄，草蔓延长丈许。今夏，枝桠间忽抽新条，有似美人者，似达官者，有似龙、似凤、似麟、似龟、似

雀、似鱼、似蝉、似蛇、似孔雀，有似鼠伏于枝者，有似鹦鹉栖于架者，架上有盏，盏中有粒，凤则苞羽具五彩，美人上下衣裳，裳白衣黄，面上依稀似粉黛，人间物象，种种具备。七月初八日，地方人始报闻，急使人取之，已为好事者撷尽，止得美人一、鹦鹉一、凤一，故述此三物尤悉。

余谓此草木之妖。适晤史云岫，言汉灵帝中平元年，东郡有草如鸠、雀、蛇、龙、鸟兽之状。若然，则余所臆度者更可杞忧。此异宜上闻，县令以萎草不耐，恐取观不便，遂寝其事。特为记之如左。

祁世培

乙酉秋九月，余见时事日非，辞鲁国王，隐居剡中，方磐石遣礼币，聘余出山，商确军务，檄县官上门敦促。余不得已，于丙戌正月十一日，道北山，逾唐园岭，宿平水韩店。

余适疽发于背，痛楚呻吟，倚枕假寐。见青衣持一刺示余，曰："祈彪佳拜。"余惊起，见世培排闼入，白衣冠，余肃入，坐定。余梦中知其已死，曰："世培尽忠报国，为吾辈生色。"世培微笑，遽言曰："宗老此时不埋名屏迹，出山何为耶？"余曰："余欲辅鲁监国耳。"因言其如此如此，已有成算。世培笑曰："尔要做谁许尔做，且强尔出无他意，十日内有人勒尔助饷。"余曰："方磐石诚心邀余共事，应不我欺。"世培曰："尔自知之矣，天下事此已不可为矣。尔试观天象。"拉余起，下阶，西南望，见大小星堕落如雨，崩裂有声。世培曰："天数如此，奈何！奈何！宗老，尔速还山，随尔高手，到后来只好下我这着。”起，出门附耳曰：“完《石匮书》。”洒然竟去。

余但闻犬声如豹，惊寤，汗浴背。门外犬吠嗥嗥，与梦中声接续。蹴儿子起，语之。次日抵家，阅十日，镳儿被缚去，果有逼勒助饷之事。忠魂之笃，而灵也如此。

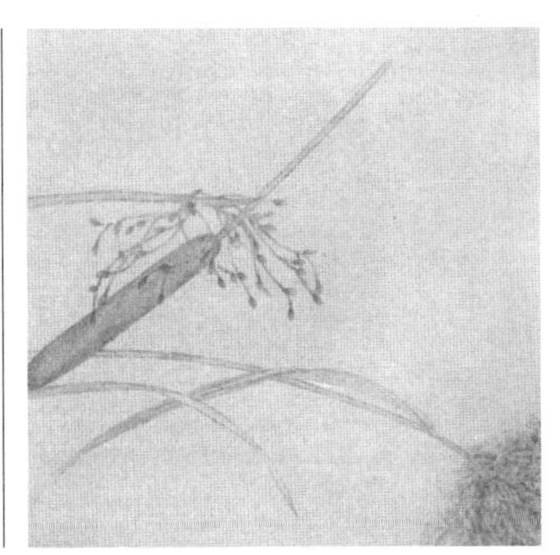

附录二

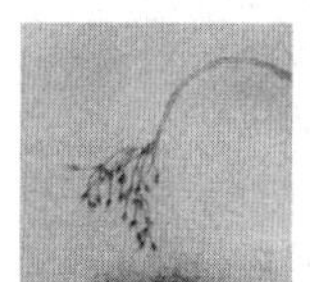

自为墓志铭

蜀人张岱，陶庵其号也。少为纨绔子弟，极爱繁华，好精舍，好美婢，好娈童，好鲜衣，好美食，好骏马，好华灯，好烟火，好梨园，好鼓吹，好古董，好花鸟，兼以茶淫桔虐，书蠹诗魔，劳碌半生，皆成梦幻。年至五十，国破家亡，避迹山居。所存者，破床碎几，折鼎病琴，与残书数帙，缺砚一方而已。布衣疏食，常至断炊。回首二十年前，真如隔世。

常自评之，有七不可解：向以韦布而上拟公侯，今以世家而下同乞丐，如此则贵贱紊矣，不可解一；产不及中人，而欲齐驱金谷，世颇多捷径，而独株守于陵，如此则贫富舛矣，不可解二；以书生而践戎马之场，以将军而翻文章之府，如此则文武错矣，不可解三；上陪玉皇大帝而不谄，下陪悲田院乞儿而不骄，如此则尊卑溷矣，不可解四；弱则唾面而肯自干，强则单骑而能赴敌，如此则宽猛背矣，不可解五；夺利争名，甘居人后，观场游戏，肯让人先，如此则缓急谬矣，不可解六；博弈摴蒱，则不知胜负，啜茶尝水则能辨渑淄，如此则智愚杂矣，不可解七。有此七不可解，自且不解，安望人解？故称之以富贵人可，称之以贫贱人亦可；称之以智慧人可，称之以愚蠢人亦可；称之以强项人可，称之以柔弱人亦可；称之以卞急人可，称之以懒散人亦可。学书不成，学剑不成，学节义不成，学文章不成，学仙，学佛，学农，学圃，俱不成。任世人呼之为败子，为废物，为顽民，为钝秀才，为瞌睡汉，为死老魅也已矣。

初字宗子，人称石公，即字石公。好著书，其所成者，有《石匮书》《张氏家谱》《义烈传》《琅嬛文集》《明易》《大易用》《史阙》《四书遇》《梦忆》《说铃》《昌谷解》《快园道古》《傒囊十集》《西湖梦寻》《一卷冰雪文》行世。生于万历丁酉八月二十五日卯时，鲁国相大涤翁之树子也，母曰陶宜人。幼多痰疾，养于外大母马太夫人者十年。外太祖云谷公宦两广，藏生牛黄丸，盈数簏，自余囡地以至十有六岁，食尽之而厥疾始瘳。六岁时，大父雨若翁携余至武林，遇眉公先生跨一角鹿，为钱塘游客，对大父曰："闻文孙善属对，吾面试之。"指屏上《李白骑鲸图》曰："太白骑鲸，采石江边捞夜月。"余应曰："眉公跨鹿，钱塘县里打秋风。"眉公大笑，起跃曰："那得灵隽若此！吾小友也。"欲进余以千秋之业，岂料余之一事无成也哉！

甲申以后，悠悠忽忽，既不能觅死，又不能聊生，白发婆娑，犹视息人世。恐一旦溘先朝露，与草木同腐，因思古人如王无功、陶靖节、徐文长皆自作墓铭，余亦效颦为之。甫构思，觉人与文俱不佳，辍笔者再。虽然，第言吾之癖错，则亦可传也已。曾营生圹于项王里之鸡头山，友人李研斋题其圹曰："呜呼有明著述鸿儒陶庵张长公之圹。"伯鸾高士，冢近要离，余故有取于项里也。明年，年跻七十，死与葬，其日月尚不知也，故不书。

铭曰：穷石崇，斗金石，盲卞和，献荆玉。老廉颇，战涿鹿，赝龙门，开史局，馋东坡，饿孤竹。五羖大夫，焉能自鬻？空学陶潜，枉希梅福。必也寻三外野人，方晓我之衷曲。

《陶庵梦忆》序

陶庵老人著作等身，其自信者，尤在《石匮》一书。兹编载方言巷咏、嘻笑琐屑之事，然略经点染，便成至文。读者如历山川，如睹风俗，如瞻宫阙宗庙之丽，殆与《采薇》《麦秀》同其感慨而出之以诙谐者欤？老人少工帖括，不欲以诸生名。大江以南，凡黄冠、剑客、缁衣、伶工，毕聚其庐。且遭时太平，海内晏安。老人家龙阜，有园亭池沼之胜，木奴秫秔，岁入缗以千计。以故斗鸡、臂鹰、六博、蹴鞠、弹琴、劈阮诸技，老人亦靡不为。今已矣。三十年来，杜门谢客，客亦渐辞老人去。间策杖入市，市人有不识其姓氏，老人辄自喜，遂更名曰“蝶庵”，又曰“石公”。其所著《石匮书》埋之琅嬛山中。所见《梦忆》一卷，为序而藏之。

——《砚云甲编》本

金忠淳跋

陶庵老人，不著姓氏，卷中曰“岱”，曰“宗老”，曰“张氏”，曰“绍兴”。考《浙江通志》，张岱，字宗子，山阴人，明末避乱剡溪山，意绪苍凉，语及少壮秾华，自谓梦境。著书十余种，率以“梦”名，而《石匮书》纪前代事尤备。此帙为舅兄学林胡氏藏本，奇情奇文，引人入胜，如在山阴道上，应接不暇。惜其余各种不概见也，然恐老人狡狯，所云《石匮书》埋之琅嬛山中，非伊家茂先，孰过琅嬛福地而问之？瓯山金忠淳识。

《省志》止称其家世通显，未详祖父何人。今观《舌华录》载“张氏兄弟不饮酒”一则，有“张状元诸孙”之语，以证老人所谓“太仆公”及“先文恭”者，盖其曾祖天复，嘉靖进士，官太仆卿；祖元汴，隆庆状元，谥文恭；父汝霖，万历进士①。卷中言“先父相鲁先王”，以其曾任山东副考，或与藩邸有旧耳。因阅《舌华》，参考志传，备载其家世如此。

——《砚云甲编》本

《陶庵梦忆》识语

《陶庵梦忆》序见瓯山金氏本，刻入《砚云甲编》，书仅一卷，十失六七。此本余从王竹坡、姚春漪得之，辗转钞袭，多有脱讹，置箧中且十年矣。岁辛亥，游岭南，暇时翻阅，粗为点定，或评数语于后，意之所至，无容心也。客过寓见者，请公同好，遂以付梓。而是书不著姓氏，卷中曰“张氏”，曰“岱”，曰“宗老”，据金氏考《浙江通志》，张岱，字宗子，山阴氏族，晚境著书，率以梦名，惟《石匮书》埋之琅嬛山中，世未尽见。

恭阅《钦定四库全书简明目录》，谷应泰因张岱《石匮藏书》排纂编次，为《纪事本末》八十篇，虽非正裁，别调孤行，是

① 此处所叙张岱家世有误，“曾祖”“祖”“父”当为“高祖”“曾祖”“祖父”。

《石匮书》竟以不传。陶庵自云，名根一点，坚固如佛家舍利，劫火勿失，兹幸名列御书，幽光不泯，天之所以予陶庵者固甚厚矣，《梦忆》出诸游戏，而俗情文言，笔下风发，亦今亦古，自名一家，洵非奇才不能。余厘为八卷，即以金氏本原序弁诸首。时乾隆甲寅秋七月，仁和王文诰纯生甫识。

《陶庵梦忆》跋

右《陶庵梦忆》八卷，明张岱撰。按岱，字宗子，山阴人。考邵廷采《思复堂集·明遗民传》：称其尝辑明一代遗事为《石匮藏书》。谷应泰作《纪事本末》，以五百金购请，慨然予之。又称《明季稗史》，罕见全书，惟谈迁《编年》《张岱列传》具有本末。应泰并采之以成纪事，则《明史纪事本末》。固多得自宗子《石匮藏书》暨《列传》也。阮文达《国朝文苑传稿》略同。

是编刻于秀水金忠淳《研云甲编》，殆非足本，序不知何人所作，略具生平，而亦作一卷。岂即忠淳笔欤？乾隆甲寅，仁和王文诰谓从王竹坡、姚春漪得传钞足本，实八卷，刻焉。顾每条俱缀纯生氏曰云云。纯生殆文诰字也，又每卷直题《文诰编》，恐无此体。兹概从芟芟，特重刻焉。

昔孟元老撰《梦华录》，吴自牧撰《梦粱录》，均于地老天荒，沧桑而后，不胜身世之感，兹编实与之同。虽间涉游戏三昧，而奇情壮采，议论风生，笔墨横恣，几令读者心目俱眩，亦异才也！考《明诗综》沈邃伯《敬礼南都奉先殿纪事诗》“高后配在天，御幄神所栖；众妃位东序，一妃独在西，成祖重所生，嫔德莫敢齐”云云。《静志居诗话》，长陵每自称曰：“朕高皇后第四子也。”然奉先庙制，高后南向，诸妃尽东列，西序惟硕妃一人，盖高后从未怀妊，岂惟长陵，即懿文太子，亦非后生也。世疑此事不实，诵沈诗，斯明征矣云云。兹编“钟山”一条，即纪其事，殆可补史乘之缺。又王贻上《分甘余话》，柳敬亭善说平话，流寓江南；一二名卿遗老左祖良玉者，赋诗张之，且为传传。余曾识于金陵，试其枝，与市井之辈无异云云。而是编“柳敬亭说书”一条，称其疾徐轻重，吞吐抑扬，入情入理，亦见其持论之平也。

咸丰壬子展重阳日，南海伍崇曜谨跋。

陶庵梦忆序

周作人

平伯将重刊《陶庵梦忆》，叫我写一篇序，因为我从前是越人。光绪二十三年（一八九七年），祖父因事系杭州府狱，我跟着宋姨太太住在花牌楼，每隔两三天去看他一回，就在那里初次见到《梦忆》，是《砚云甲编》本，其中还有《长物志》及《槎上老舌》，也是我那时所喜欢的书。张宗子的著作似乎很多，但《梦忆》以外，我只见过《於越三不朽图赞》，《琅嬛文集》，《西湖梦寻》三种，他所选的《一卷冰雪文》，曾在大路的旧书店中见过，因索价太昂未曾买得。我觉得《梦忆》最好，虽然文集里也有些好文章，如《梦忆》的纪泰山，几乎就是《岱志》的节本，其写人物的几篇，也与《五异人传》有许多相像。《三不朽》是他的遗民气的具体的表现，有些画像如姚长子等未免有点可疑，但别的大人物恐怕多有所本，我看王谑庵像觉得这是不可捏造的，因为它很有点儿个性。

《梦忆》大抵都是很有趣味的。对于“现在”，大家总有点不满足，而且此身在情景之中，总是有点迷惘似的，没有玩味的余暇。所以人多有逃现世之倾向，觉得只有梦想或是回忆是最甜美的世界。讲乌托邦的是在做着满愿的昼梦，老年人记起少时的生活也觉得愉快，不，即是昨夜的事情也要比今日有趣：这并不一定由于什么保守，实在是因为这些过去才经得起我们慢慢地抚摩赏玩，就是要加减一两笔也不要紧。遗民的感叹也即属于此类，不过它还要深切些，与白发宫人说天宝遗事还有点不同，或者好比是寡妇的追怀罢。

《梦忆》是这一流文字之佳者，而所追怀者又是明朝的事，更令我觉得有意思。我并不是因为民族革命思想的影响，特别对于明朝有什么情分，老实说，只是不相信清朝人——有那一条辫发拖在背后会有什么风雅，正如缠足的女人我不相信会是美人。

《梦忆》所记的多是江南风物，绍兴事也居其一部分，而这又是与我所知道的是多么不同的一个绍兴。会稽虽然说是禹域，到底还是一个偏隅小郡，终不免是小家子相的。讲到名胜地方原也不少，如大禹的陵，平水，蔡中郎的柯亭，王右军的戒珠寺，兰亭等，此外就是平常的一山一河，也都还可随便游玩，得少佳趣，倘若你有适当的游法。但张宗子是个都会诗人，他所注意的是人事而非天然，山水不过是他所写的生活的背景。说到这一层，我记起《梦忆》的一二则，对于绍兴实在不胜今昔之感。

明朝人即使别无足取，他们的狂至少总是值得佩服的，这一种狂到现今就一点儿都不存留了。不知从什么时候起的，绍兴的风水变了的缘故罢，本地所出的人才几乎限于师爷与钱店官这两种，专以苛细精干见长，那种豪放的气象已全然消灭，那种走遍天下找寻《水浒传》脚色的气魄已没有人能够了解，更不必说去实行了。他们的确已不是明朝的败家子，却变成了乡下的土财主，这不知到底是祸是福！“城郭如故人民非”，我看了《梦忆》之后不禁想起仙人丁令威的这句诗来。

张宗子的文章是颇有趣味的，这也是使我喜欢《梦忆》的一个缘由。我常这样想，现代的散文在新文学中受外国的影响最少，这与其说是文学革命的还不如说是文艺复兴的产物，虽然在文学发达的程途上复兴与革命是同一样的进展。在理学与古文没有全盛的时候，抒情的散文也已得到相当的长发，不过在学士大夫眼中自然也不很看得起。我们读明清有些名士派的文章，觉得与现代文的情趣几乎一致，思想上固然难免有若干距离，但如明人所表示的对于礼法的反动则又很有现代的气息了。

张宗子是大家子弟，《明遗民传》称其“衣冠揖让，绰有旧人风轨”，不是要讨人家欢喜的山人，他的洒脱的文章大抵出于性情的流露，读去不会令人生厌。《梦忆》可以说是他文集的选本，除了那些故意用的怪文句，我觉得有几篇真写得不坏，倘若我自己能够写得出一两篇，那就十分满足了，但这是欲羡不来，学不来的。

平伯将重刊《陶庵梦忆》，这是我所很赞成的：这回却并不是因为我从前是越人的缘故，只因《梦忆》是我所喜欢的一部书罢了。

民国十五年十一月五日，于京兆宛平。

重刊《陶庵梦忆》跋

俞平伯

有梦而以真视之者，有真而以梦视之者。夫梦中之荣悴悲欢犹吾生平也，梦将非真欤？以往形相悉疾幻灭，抽刀断水水更流矣，起问日中中已久矣，则明明非梦而明明又是梦也。凡此人人所有，在乎说得出与否耳。谚曰："痴人说梦"，说梦良非雅致；然既是梦何妨说说，即使不说也未必便醒了。况同斯一梦，方以酣适自喜，不以寤觉相矜也。

明张宗子以五十载之豪华幻为一梦，写此区区八卷之书。自序言明"又是一番梦呓"，且谓"名心难化"，彼固未尝不知之，知之而仍言之，是省后世同梦者多也。

作者家亡国破，披发入山，"遥思往事，忆即书之，持向佛前，一一忏悔"，作书本旨如是而已。而今观之，奇姿壮采，于字里行间俯拾即是，华秾物态，每"练熟还生，以涩勒出之"，画匠文心两兼之矣。

其人更生长华膴，终篇"著一毫寒俭不得"。然彼虽放恣，而于针芥之微莫不低徊体玩，所谓"天上一夜好月与得火候一杯好茶，只可供一刻受用，其实珍惜之不尽也"。然则五十年瞥走之光阴里，彼真受用得此一刻了。梦缘可羡，而入梦之心殆亦不可及。

凡此心境，草草劳人如我辈者，都无一缘领略。重印此书，使梦中人多一机遇扩其心眼。痴人说梦，将有另一痴人倾耳听之，两毋相笑。于平居暇日，“偶拈一则，如游旧径，如见故人”。殆可不废乎？若当世名流目此为小道，或斥为牟利新径，则小之可“愚摈勿读，读亦勿卒”，大之以功令杜其流传，喜得作者姓张，小生不姓张，亦无妨于“吾家”也。

此书校读得燕大沈君启无之助，更得岂明师为作序，两君皆好读《梦忆》者。

一九二六年十二月